CICÉRON

DIVISIONS DE L'ART ORATOIRE

TOPIQUES

COLLECTION DES UNIVERSITÉS DE FRANCE
publiée sous le patronage de l'ASSOCIATION GUILLAUME BUDÉ

CICÉRON

DIVISIONS DE L'ART ORATOIRE

TOPIQUES

TEXTE ÉTABLI ET TRADUIT
PAR
HENRI BORNECQUE

Septième tirage

PARIS
LES BELLES LETTRES
2023

Conformément aux statuts de l'Association Guillaume Budé, ce volume a été soumis à l'approbation de la commission technique, qui a chargé M. Jules Martha d'en faire la révision et d'en surveiller la correction en collaboration avec M. Henri Bornecque.

95 boulevard Raspail, 75006 Paris
www.lesbelleslettres.com

Premier tirage 1924

ISBN : 978-2-251-01074-8
ISSN : 0184-7155

I

DIVISIONS DE L'ART ORATOIRE

INTRODUCTION

Objet et caractères généraux de l'ouvrage.

Les *Partitiones Oratoriae*, « Divisions (1) de l'art oratoire », sont un manuel de rhétorique, composé par Cicéron, durant un séjour à la campagne, pour son fils et à la demande de celui-ci (2), qui voulait recevoir en latin les enseignements que son père lui avait déjà donnés en grec.

La forme est celle du dialogue, d'ailleurs tout extérieure : aucun des deux interlocuteurs, surtout le fils, n'a de caractère accusé. Dans cette façon de présenter la matière, ne voyons rien de particulièrement original ; M. Junius Brutus, le célèbre jurisconsulte, l'avait choisie pour exposer à son fils les éléments de la jurisprudence, et, dans le *Brutus* (3), Cicéron mentionne un ouvrage de Curion où celui-ci s'entretenait avec son fils. Il est possible que cette forme, « exacte et méthodique, mais sèche et abstraite » (E. THOMAS), toute semblable à un catéchisme, ait assuré, durant le moyen âge, la popularité de l'ouvrage.

La précision du fond y a contribué aussi. En effet,

(1) D'après les *Topiques* (28 sqq.), *partitio* est la décomposition d'une chose en ses éléments.

(2) § 1.

(3) *Brutus*, § 218.

avec le *de Inventione* et *les Topiques*, les *Partitiones* constituent, parmi les traités de rhétorique, le groupe des ouvrages proprement techniques. La langue est semée de termes d'école, voire peu usuels ; le style précis, quelquefois obscur (1) à force de précision ; le sujet plus didactique et plus didactiquement traité, bien qu'on soit fort loin de la complication et de la minutie du *de Inventione*.

Plan. En effet, qu'on jette les yeux sur le plan des *Partitiones*.

PRÉFACE (1-2).

INTRODUCTION : grandes divisions de l'art oratoire (3-4).

CORPS DE L'OUVRAGE.

I. Le talent propre de l'orateur (7-26).

A. L'invention : arguments inhérents au sujet et pris au dehors ; où les puise-t-on ? (5-8).

B. La disposition (9-15) :

1° en général (9),

2° dans une cause particulière (10-11),

a) genre d'apparat (12) ;

b) genre délibératif (13) ;

c) genre judiciaire (14-15).

C. L'élocution (16-24).

1° Élocution qui se déroule librement (16-22) :

a) mots considérés isolément (16-17) ;

(1) Nous avons eu de ce fait à surmonter une difficulté s'ajoutant à celle qui résulte de la fluidité de la langue déjà signalée à propos de l'*Orator*.

b) mots unis à d'autres (18) ;

c) qualités communes aux deux cas (19-22).

2° Élocution à formes travaillées et variées (23-24).

D. L'action (25).

E. La mémoire (26).

II. Le discours (27-60).

A. L'exorde (28-30).

B. La narration (31-32).

C. Confirmation et réfutation (33-57) :

1° Confirmation (34-43) :

a) Question conjecturale (34-40) ;

b) Question de définition (41) ;

c) Question de qualité (42-43).

2° Réfutation (44).

3° Comment traiter les arguments dans cette partie (45-51).

D. Péroraison (52-60).

1° Amplification (52-58).

2° Résumé (59-60).

III. Les questions (61-138). Leurs genres principaux (61).

A. Questions indéterminées : de théorie et de pratique (62-63).

1° Questions de théorie : conjecture, définition, qualification (64-66) ;

2° Questions de pratique (67-68).

B. Questions déterminées : les trois genres (68-70).

1° Genre laudatif (70-82) :

a) but visé (70-71) ;

b) la forme (72-73) ;

c) le fond (74-82).

2° Genre délibératif (83-97).

3° Genre judiciaire (98-138).

a) Avant la délivrance de la formule (99-100).

b) Devant le tribunal (101-138).

α. Les états de la cause : conjecture, définition, qualification et cause portant sur un texte (101-108) ;

β. Façon de les traiter : conjecture, accusation et défense (110-122), définition (123-128), qualification (129-131), états légaux, qui sont de trois sortes (132-138).

Conclusion (139-140)

Conseils donnés. Les conseils donnés ici sont au fond, on voudra bien le remarquer, les mêmes que dans les autres ouvrages de rhétorique de Cicéron (1), en particulier dans l'*Orator* (2), peut-être plus nets et plus dépouillés (3) : mettre à la base de l'éloquence la connaissance de la philosophie (4) et du droit civil (5), consacrer au style un soin particulier (6), ne pas écarter la forme périodique et nombreuse (7).

Aussi qu'on ne s'y trompe pas : la sécheresse de l'exposition n'enlève rien à la richesse du fond. Certains développements sont très fouillés, par exemple celui sur

(1) Voir Merchant, *de Ciceronis partitionibus oratoriis commentatio*, p. 76 sqq.

(2) Piderit, préface de son édition, § 9, p. 11.

(3) V. Merchant, p. 73-74.

(4) Voir surtout §§ 139 et 140.

(5) Voir § 131.

(6) Voir §§ 18-24.

(7) Voir §§ 18-19.

la *praevaricatio* (1) et, comme l'écrit Marmontel, « le plan de la *Milonienne* est tracé en dix lignes dans le traité des *Partitions Oratoires* (2) ».

Authenticité de l'ouvrage. Il est donc assez difficile de soutenir que les *Partitiones* ne soient pas de Cicéron. Il est vrai que, dans ses *Lettres*, Cicéron n'y fait aucune allusion. Mais, à ce silence on peut opposer le témoignage de Quintilien, pour lequel il n'y a aucun doute sur l'auteur. D'autre part, les considérations invoquées par Curcio (3) sont des remarques de détail, infiniment subtiles, mais insuffisantes pour infirmer le témoignage de Quintilien et pour expliquer comment un autre que Cicéron aurait si admirablement réussi à s'assimiler les théories cicéroniennes, voire à les perfectionner. Quant au style, il est sans art, c'est incontestable; mais on peut en dire autant pour les *Topiques*, dont l'authenticité n'est mise en doute par personne.

Date de la composition, 54, 46 ou 44? Des considérations analogues ne nous permettent pas d'admettre, pour la composition des *Partitiones*, la date de 54, proposée par différents savants. Le fils de Cicéron, alors âgé de onze ans et qui, nous le savons, n'était pas exceptionnellement doué, aurait été vraisemblablement incapable de suivre ces développements profonds ou ingénieux sur la philosophie ou le droit civil. Aussi

(1) Voir § 124 sqq.
(2) Voir §§ 104-106.
(3) *Le opere retoriche di M. Tullio Cicerone*, p. 209 et suiv

bien les jeunes Romains n'abordaient-ils pas si jeunes l'étude de la rhétorique. A onze ans, ils n'avaient même pas commencé à fréquenter le *grammaticus*.

A quelle date faut-il donc reporter la composition des *Partitiones* ? A 46 au plus tôt, semble-t-il. Cicéron nous dit, au début de l'ouvrage, qu'il vient seulement de pouvoir quitter Rome. Or nous savons (1) que, de 51 jusqu'à la fin de 47, il n'a pas été à Rome. Cette date de 46 s'accorde d'ailleurs avec un passage où Quintilien (2) semble rapporter les *Partitiones* à la même époque que l'*Orator*.

Il semble même qu'on puisse préciser davantage. Marcus Cicéron étant parti en mars 45 pour Athènes, où il allait se perfectionner dans l'étude de la rhétorique et de la philosophie, le présent traité serait comme une préparation à ce séjour : il aurait donc été composé à la fin de 46 ou au début de 45.

Dans ces conditions, l'on ne s'étonnera pas que Marcus, alors âgé de dix-neuf ans ou de vingt ans, soit encore interrogé en grec sur la rhétorique. Il s'agit d'une révision dans un but déterminé. D'ailleurs n'oublions pas que, jusqu'à sa préture, Cicéron déclama en grec (3).

On peut de même, croyons-nous, répondre aux autres objections dirigées contre la date de 46. Au début des *Partitiones*, le jeune Cicéron exprime la crainte que son père n'ait pas le temps de lui donner satisfaction. Mais, en 46 et 45, objecte Hirzel (4), le grand orateur avait

(1) Voir Piderit, Préface de son édition, p. 5 et suiv.
(2) *Inst. Or.*, 3, 3, 7.
(3) Suétone, *De claris rhet.*, 1.
(4) *Der Dialog.*, I, p. 493.

plutôt trop de loisirs. Sans doute, si l'on pense à la seule politique. Au contraire, si l'on a devant les yeux l'activité littéraire déployée par Cicéron en 46 et 45, on reconnaîtra à Marcus le droit de se demander si, entre tous les ouvrages si importants, si élevés, que son père écrivait ou préparait, celui-ci trouverait encore le temps de lui donner les conseils pratiques qu'il réclame.

D'autre part, si l'ouvrage est contemporain — ou à peu près — de l'*Orator* et du *de Optimo genere oratorum*, comment n'y trouve-t-on pas d'allusion aux Néo-Attiques? Mais on n'en relève pas davantage dans *les Topiques*, que l'on s'accorde à placer en 44, c'est-à-dire dix-huit mois seulement après l'*Orator*. D'ailleurs reprendre les idées de l'*Orator*, n'est ce pas continuer la lutte contre les Néo-Attiques ?

Enfin cette date de 46 (ou une date voisine) n'est pas inconciliable avec un passage d'une lettre à Quintus (1), écrite incontestablement en 54. Cicéron ne s'y déclare pas satisfait sur tous les points des conseils que Paeonius donne sur la rhétorique au fils de son frère et il ajoute : « Si jamais je l'emmène avec moi à la campagne, je l'initierai à ma méthode et à mes habitudes. » Comme les *Partitiones* ont été composées à la campagne, on en conclut qu'il faut y voir précisément l'ouvrage que Cicéron annonçait à son frère. Encore conviendrait-il de prouver que ce qui s'applique au neveu de Cicéron se rapporte également au fils de l'orateur. Une affirmation ne suffit

(1) III, 3, 4.

pas, même sous la plume de Schanz (1). Bien que les deux cousins aient reçu une éducation en grande partie commune, la lettre même de Cicéron prouve qu'ils n'étaient pas toujours réunis.

Nous estimons donc qu'il faut placer la rédaction des *Partitiones* à fin 46. La reporter à 44 avec Merchant (2), c'est y voir un dialogue purement fictif, puisque M. Cicéron était absent, et même ne tenir aucun compte des circonstances où Cicéron nous dit que le traité a été composé.

Sources de l'ouvrage. Sur les sources, même désaccord que sur les dates. Comme Cicéron nous dit, à la fin de l'ouvrage (3) : « Je t'ai exposé toutes les divisions de l'art oratoire, telles du moins qu'elles sont nées au sein de l'école philosophique à laquelle j'appartiens, l'Ancienne Académie », on a voulu conclure de ce passage que Cicéron s'est borné à traduire un manuel grec. Mais ce passage indique simplement que Cicéron, en général, s'est inspiré de la doctrine académique, comme dans l'*Orator* (4). Puis, a fait observer Laurand (5), pourquoi Cicéron, dans ce cas, n'aurait-il pas mis purement et simplement le manuel en question entre les mains de son fils, qui savait le grec ? Aussi bien, comme nous l'avons montré, les théories exposées sont, en grande

(1) *Geschichte d. röm. Literatur*, I, 2, 3e éd., p. 302.
(2) *Op. laud.*, p. 75 sqq.
(3) Voir § 139.
(4) §§ 12 et 237.
(5) Thèse latine, p. 76.

partie, originales. D'autres remontent à Aristote (1) comme la division des arguments (2), la distinction entre les auditeurs (3), la théorie de la question générale (4). « L'influence de la Nouvelle-Académie se fait surtout sentir dans la façon de traiter les questions indéterminées (5), les vertus et les vices (6), la division des biens (7), la théorie des causes (8). Dans bien des passages, nous trouvons les idées propres à Antiochus : le concept de la justice (9), la définition de l'éloquence (10), certaines parties de la théorie des biens (11), ce qui est dit sur le plaisir (12). »

Le texte. Le texte (13) repose avant tout sur deux manuscrits de Paris, l'un, désigné par *P*, du xe siècle (*Parisinus* 7232), l'autre,

(1) Cf. Jentsch, *Aristotelis ex arte rhetorica quaeritur quid habeat Cicero*, Berlin, thèse 1886, p. 52 sqq.
(2) Voir § 6.
(3) Voir § 10.
(4) Cf. *Orator*, 46.
(5) §§ 63-68.
(6) §§ 76-82.
(7) § 86 sqq.
(8) § 97 sqq.
(9) § 78.
(10) § 79.
(11) §§ 86-87.
(12) § 90. — Passage traduit de Teuffel, *Geschichte d.roem. Literatur*, 6e édition, t. I, § 182, 5, 1, p. 398.
(13) Voir en particulier Friedrich, *Philologus*, N. F. I, p. 291-309 et Stroebel, *zur Handschriftenkunde und Kritik von Ciceros Partitiones Oratoriae*, 1887, Programm der kgl. Studienanstalt Zweibrücken. — Pendant la guerre a paru, dans la *Bibliotheca Teubneriana*, une nouvelle édition des *Partitiones* et des *Topiques*. Je n'ai pu me la procurer (elle est épuisée), ni la trouver dans aucune des bibliothèques françaises ou étrangères qui m'étaient accessibles. De ce fait quelques leçons intéressantes m'auront peut-être échappé, surtout pour *les Topiques*, où je n'ai pu remonter aux manuscrits mêmes.

désigné par *p* du XIIe siècle (*Parisinus* 7696) : je les ai collationnés moi-même en vue de cette édition. Ces deux manuscrits semblent remonter à un même archétype, dont *P* paraît mieux reproduire le texte. Nous les avons pris pour base et avons mis en italique tout ce qui s'en écartait.

Parmi les autres manuscrits, assez nombreux, on en distingue cinq, trois du XVe siècle, tous d'Erlangen, un de Wittenberg, enfin un qui figurait dans la bibliothèque fondée par Thomas Rediger en 1575 et qui est actuellement conservé dans la Bibliothèque de l'Administration municipale (Magistratsbibliothek) de Breslau. Ces manuscrits se divisent en deux groupes, formés, le premier, de deux manuscrits d'Erlangen (848 et 858), le deuxième, des autres manuscrits.

L'examen des clausules métriques, particulièrement soignées (1), fournit, ici encore, un contrôle, non sans intérêt.

Conclusion. On peut donc lire dans un texte assez bien établi cet ouvrage, trop laissé de côté. « Une rhétorique complète que Cicéron écrivit par demandes et par réponses, pour l'instruction de son fils, semblerait devoir être répandue dans toutes les écoles et cependant elle est à peine connue. Le sens

(1) Il ne reste, en définitive, que cinq irrégularités irréductibles : les deux premières appartiennent au fils, les trois autres au père.
15 *uolumus, tenere possumus ?*
48 *ecquonam modo artis indigent ?*
50 *uim tormentorum pertulerint.*
100 *dissimilitudine generis.*
139 *tractari possent.*

vague du titre, la sécheresse et les difficultés de quelques parties, les doutes mêmes qu'on a exprimés sur l'authenticité de cet ouvrage, dont Cicéron ne parle pas, ont pu contribuer à cette indifférence. Les bons livres élémentaires sont si rares, qu'il est impossible que celui-ci ait été négligé sans raison. »

Ainsi s'exprimait J.-V. Le Clerc. C'était, il est vrai, en 1821, époque où la rhétorique était enseignée dans tous les établissements d'enseignement secondaire. Il n'en reste pas moins que l'ouvrage est plein de choses, qu'il abonde en idées originales ; si le style manque d'éclat et de variété, du moins, comme l'écrivait Marmontel, « c'est surtout dans ce dialogue que, en un quart d'heure de lecture, vous apprendrez, en théorie, tout ce que Cicéron lui-même savait dans l'art d'amener les esprits au but de la persuasion (1) ».

(1) Comme pour les *Topiques*, mon collègue et ami M. Lefas a bien voulu examiner l'ouvrage en ce qui concerne le droit romain. Je lui dois beaucoup et je tiens à l'en remercier ici.

SIGLA (cf. p. XV sq.)

cet.	= Omnes codices, excepto uno uel altero qui ante vel post notatur.
E	= codices Erlangenses 848, 858 et 863, saec. XV.
R	= cod. Redigeranus, saec. XIV-XV.
codd.	= omnes codices, exceptis *Pp*.
ed. Norimb.	= editio Norimbergensis (1497).
om. Pp	= habent codd. dett., omiserunt *Pp*.
P	= cod. Parisinus, 7231, saec. X.
p	= cod. Parisinus 7296, saec. XII.
ERV	= addiderunt codd. *ERV*, om. *Pp*.
V	= codex Vitebergensis, saec. XV.
vulg.	= vulgata lectio.

DIVISIONS DE L'ART ORATOIRE

Préface.

I 1 *Cicéron fils.* Je désire vivement, mon père, t'entendre m'exposer en latin les préceptes que tu m'as donnés en grec sur l'éloquence, si toutefois tu en as le loisir et si tu le veux.

Cicéron père. Te voir aussi savant que possible, est-il rien, mon cher fils, que je puisse préférer ? Quant au loisir, je le possède entièrement, puisqu'enfin il m'est possible de quitter Rome ; d'ailleurs ces études dont tu me parles, je les ferais volontiers passer même avant mes occupations les plus sérieuses.

2 *F.* Veux-tu donc que, procédant comme toi, qui as coutume de me poser en grec des questions sur tous les points, moi, à mon tour, je te pose en latin des questions sur les mêmes matières ?

P. Certainement, si tu le désires. Par ce moyen, je verrai si tu as retenu ce que l'on t'a enseigné, et toi, tu m'entendras exposer sur tous les points ce que tu me demanderas.

Introduction : les grandes divisions de l'art oratoire.

3 *F.* En combien de parties doit-on diviser la science de la parole considérée d'ensemble ?

C. P. En trois.

F. Lesquelles, dis-moi ?

P. D'abord le talent propre de l'orateur, ensuite le discours (1), enfin la question (2).

(1) Considéré en lui-même, comme œuvre d'art. — Le rapprochement *orator-oratio* ne peut être rendu en français.

(2) C'est-à-dire les différents genres de causes, comme on va le voir.

M. TULLI CICERONIS

PARTITIONES ORATORIAE

I **1** *Cicero Filius.* Studeo, mi pater, Latine ex te audire ea quae mihi tu de ratione dicendi Graece tradidisti, *si* modo tibi est otium et si uis.

Cicero Pater. An est, mi Cicero, quod ego malim, quam te quam doctissimum esse ? Otium autem primum est summum, quoniam aliquando Roma exeundi potestas data est, deinde ista tua studia uel maximis occupationibus meis anteferrem libenter.

2 *F.* Visne igitur, ut tu me Graece soles ordine interrogare, sic ego te uicissim eisdem de rebus Latine interrogem ?

P. Sane,si placet. Sic enim et ego te meminisse intellegam quae accepisti, et tu ordine audies quae requires.

3 *F.* Quot in partes tribuenda est omnis doctrina dicendi ?

P. Tris.

F. Cedo quas ?

P. Primum in ipsam uim oratoris, deinde in orationem, tum in quaestionem.

M. Tulli Ciceronis partitiones oratoriae incipiunt feliciter *Pp* Dialogus Ciceronis cum filio Cicerone *add. P*
1 si modo *ERV* : modo *Pp*.

F. Où réside le talent propre de l'orateur ?

P. Dans les idées et dans les mots. Qu'il s'agisse des idées et des mots, il faut distinguer l'invention et la disposition. Invention s'applique proprement aux idées ; pour les mots on dit élocution. Quant à la disposition, quoiqu'elle vaille pour les idées comme pour l'expression, cependant on la joint à l'invention (1). La voix, le geste, les jeux de physionomie, et même l'action en général accompagnent l'élocution ; la mémoire est le dépôt de tous ces éléments.

4 *F.* Et pour le discours, combien de parties ?

P. Quatre. Deux servent à exposer le fait, la narration et la confirmation, deux à émouvoir les âmes, l'exorde et la péroraison.

F. Et pour la question, combien de parties ?

P. La question indéterminée (2), que j'appelle cas général, et la question déterminée, que j'appelle cause particulière.

Le talent propre de l'orateur. — L'invention.

II **5** *F.* Eh bien! puisque l'invention est le premier objet de l'orateur, que cherchera-t-il ?

P. A trouver (3) le moyen de convaincre ceux qu'il voudra persuader et de toucher les passions dans leur âme.

F. Comment arrive-t-il à convaincre ?

P. Par les arguments, que l'on tire des lieux inhérents à la cause ou pris en dehors d'elle ?

F. Qu'appelles-tu lieux ?

P. Ce qui renferme les arguments.

F. Qu'est-ce qu'un argument ?

P. Une raison plausible inventée pour convaincre.

(1) Où il ne s'agit proprement que des idées.

(2) Qui ne s'applique pas à une personne, à un temps, à un lieu déterminés.

(3) Rapprochement, intraduisible en français, entre *inventio* et *invenire.*

F. In quo est ipsa uis ?

P. In rebus et uerbis. Sed et res et uerba inuenienda sunt et *con*locanda. Proprie autem in rebus inuenire, in uerbis eloqui dicitur. Conlocare autem, etsi est commune, tamen ad inueniendum refertur. Vox, motus, uoltus, atque omnis actio eloquendi comes est ; [si] earum rerum omnium custos memoria.

4 *F*. Quid ? orationis quot sunt partes ?

P. Quattuor. Earum duae ualent ad rem docendam, narratio et confirmatio, ad impellendos animos duae, principium et peroratio.

F. Quid ? Quaestio quasnam habet partes ?

P. Infinitam, quam consultationem appello, et definitam, quam causam nomino.

II **5** *F*. Quoniam igitur inuenire primum est oratoris, quid quaeret ?

P. Vt inueniat quem ad modum fidem faciat eis quibus uolet persuadere, et quem ad modum motum eorum animis adferat.

F. Quibus rebus fides fit ?

P. Argumentis, quae ducuntur ex locis aut in re ipsa insitis aut adsumptis.

F. Quos uocas locos ?

P. In quibus latent argumenta.

F. Quid est argumentum ?

P. Probabile inuentum ad faciendam fidem.

3 conlocanda *ERV* : locanda Pp || inuenire *ERV* : – ri *Pp* || earum *E* : si earum *PpV* sed earum *R*
4 impellendos *P* : pellendos *p*
5 fit argumentis *P* : fiet argumentaque *p*

6 *F*. Quelle distinction fais-tu entre les deux genres < de lieux > dont tu as parlé plus haut ?

P. Ceux que l'on regarde comme n'exigeant < de l'orateur > aucun art (1), voilà ceux que j'appelle extrinsèques, par exemple les témoignages, et inhérents à la cause ceux qui tiennent au sujet même.

F. Dans les témoignages, quels genres y a-t-il ?

P. Divins et humains : divins (2), comme les oracles, les auspices, comme les prédictions et les réponses des prêtres, des aruspices, des devins (3) ; humains, qui se tirent d'une intervention extérieure (4), de la volonté < des parties >, de paroles obtenues de gré ou de force; c'est dans cette catégorie que l'on fait entrer les textes (5), les conventions, les promesses, les serments et les aveux obtenus par la torture.

7 *F*. Quels sont les arguments que tu appelles inhérents au sujet ?

P. Ceux qui tiennent au fond même, comme la définition (6), comme le contraire, comme ce qui offre, avec la définition même ou le contraire, un rapport de ressemblance ou de différence, de compatibilité ou d'incompatibilité, comme les idées qui sont pour ainsi dire (7) apparentées ou celles qui sont pour ainsi dire en conflit, comme les causes des faits, au sujet desquels on plaide, comme les effets des causes, comme les divisions, comme les genres des parties ou les parties des genres, comme

(1) La question est reprise dans les *Topiques*, 24 et 73. Elle est traitée aussi dans le *de Oratore* II, 114, mais en termes moins techniques. V. aussi Quintilien, *Inst. Or.*, 5, 1, 1 sqq.

(2) Cf. *Topiques*, 77.

(3) Qui interprètent tous les présages, mais surtout les songes.

(4) Il s'agit de l'intervention de quelque chose de supérieur aux parties.

(5) Comme les lois. Cf. 130.

(6) Qui détermine le point important. Cicéron attache une grande importance à la définition. Voir *Topiques*, 9, 26 et suiv., 83, et *de Oratore*, II 164.

(7) Parce que l'adjectif est pris ici en un sens figuré, rare en latin.

6 *F*. Quomodo igitur duo genera ista diuidis ?

P. Quae sine arte putantur, ea remota appello, ut testimonia, insita quae inhaerent in ipsa re.

F. Testimoniorum quae genera sunt ?

P. Diuinum et humanum. Diuinum est, ut oracula, auspicia, ut uaticinationes et responsa sacerdotum, haruspicum, coniectorum. Humanum, quod spectatur ex auctoritate, ex uoluntate, ex oratione aut libera aut expressa ; in quo insunt scripta, pacta, promissa, iurata, quaesita.

7 *F*. Quae sunt quae dicis insita ?

P. Quae [iura] infixa sunt rebus ipsis [tum ex toto, tum ex partibus, tum ex nota, tum ex iis rebus quae quodam modo affectae sunt ad id de quo quaeritur. Sed ad id totum de quo quaeritur tum definitio adhibeatur tum partium enumeratio, tum notatio uerbi. Ex iis autem rebus quae quodam modo affectae sunt ad id de quo quaeritur, alia coniugata appellantur, alia ex genere, alia ex similitudine, alia ex differentia, alia ex contrario, alia ex coniunctis, alia ex antecedentibus, alia ex consequentibus, alia ex repugnantibus, alia ex causis, alia ex effectis, alia ex comparatione maiorum aut parium aut minorum], ut definitio, ut contrarium, ut ea quae sunt aut ipsi aut contrario eius aut similia aut dissimilia aut consentanea aut dissentanea, ut ea quae sunt quasi coniuncta aut quae quasi pugnantia inter se, ut earum rerum, de quibus agitur, causae, ut causarum euentus, [id est quae

7 Quae *vulg.* : quae iura *Pp EV* quae iure *R* || tum ex toto — aut minorum *Pp*. *Hunc locum, redactum ex Topicis 8,9 et 11 in compendii modum, secl. Ernesti, auctore Lambin* || aut quae *P* : aut ea quae *cet.* || id est — de causis *et* in quibus — argumenti *seclusi*

les principes et en quelque sorte (1) les avant-coureurs des choses, comme les comparaisons entre plusieurs choses, ce qu'il y a de plus grand, d'égal ou de plus petit, où l'on met en parallèle, soit la nature des choses, soit leurs qualités.

III **8** *F.* Tous les lieux dont tu parles nous fourniront-ils des arguments ?

P. Non vraiment. Nous porterons sur tous notre examen et nos recherches ; mais nous ferons un choix qui écartera toujours les arguments faibles et parfois aussi laissera de côté ceux qui sont banals ou ne sont pas essentiels.

F. Sur le moyen de convaincre, tu m'as répondu ; je voudrais bien entendre celui d'émouvoir.

P. Ta question est bien à sa place (2) ; mais j'exposerai mieux ce que tu veux, lorsque j'en serai arrivé à l'étude méthodique du discours même et de la question.

La disposition.

9 *F.* Qu'est-ce qui vient donc maintenant ?

P. Après l'invention, la disposition : pour une question indéterminée, l'ordre est à peu près celui que j'ai indiqué pour les lieux (3) ; mais, pour une question déterminée, il faut ajouter également les moyens qui tendent à émouvoir les âmes.

F. Comment expliques-tu ce conseil ?

P. J'ai des préceptes communs pour convaincre et pour émouvoir. Mais la conviction est un état stable, l'émotion de l'âme, au contraire, un mouvement rapide vers le plaisir, la peine, la crainte ou la passion (tels sont, en effet, les genres, dans chacun desquels on distingue plusieurs parties) ; je règle donc toute la disposition sur le but que l'on se propose dans le sujet en question. En effet, pour le cas général, le but est de convaincre, pour la cause particulière, de convaincre et d'émouvoir. Aussi, quand j'au-

(1) Parce que l'expression est assez hardie.
(2) Voir en effet § 5, début.
(3) Voir § 6 et suiv.

sunt effecta de causis], ut distributiones, ut genera partium generumue partes, ut primordia rerum et quasi praecurrentia, [in quibus inest aliquid argumenti], ut rerum contentiones, quid maius, quid par, quid minus sit, in quibus aut naturae rerum aut facultates comparantur.

III **8** *F.* Omnibusne igitur ex istis locis argumenta sumemus ?

P. Immo uero scrutabimur et quaeremus ex omnibus ; sed adhibebimus iudicium, ut leuia semper reiciamus, nonnumquam etiam communia praetermittamus et non necessaria.

F. Quoniam de fide respondisti, uolo audire de motu,

P. Tu loco quidem quaeris, sed plenius quod uis explicabitur, cum ad orationis ipsius quaestionumque rationem uenero.

9 *F.* Quid sequitur igitur ?

P. Cum inueneris, conlocare; cuius *in* infinita quaestio*ne* ordo idem fere quem exposui locorum ; in definita autem adhibenda sunt illa etiam quae ad motus animorum pertinent.

F. Quomodo igitur ista explicas ?

P. Habeo communia praecepta fidem faciendi et commouendi. Quoniam fides est firma opinio, motus autem animi incitatio aut ad uoluptatem aut ad molestiam aut ad metum aut ad cupiditatem (tot sunt enim genera, partes plures generum singulorum), omnem con-

8 et non *P* : non *p*
9 cuius in *ERV* : cuius *Pp* || quaestione *ERV* : quaestio est *Pp* || consultatione *ERV* : proposito *Pp* || et fides *cet.* : fides *P*

rai parlé de la cause particulière, qui implique < toujours > un cas général (1), j'aurai traité de l'une et de l'autre.

10 *F*. Qu'as-tu donc à dire sur la cause particulière ?

P. Qu'elle se traite différemment suivant ceux qui écoutent. En effet ceux qui écoutent sont là soit tout simplement pour entendre, soit pour juger, c'est-à-dire pour se prononcer sur le fait et par une sentence; par suite, ils écoutent, les uns par plaisir, les autres pour prendre une décision. La décision porte sur le passé, par exemple au tribunal, ou sur l'avenir, par exemple au sénat. De là les trois genres que voici : judiciaire, délibératif, d'apparat ; comme ce dernier est surtout consacré à l'éloge, maintenant il tire de là son nom (2).

IV **11** *F*. Que se propose l'orateur dans les trois genres que tu viens d'énumérer ?

P. Dans le genre d'apparat, plaire; dans le judiciaire, exciter le juge à la sévérité ou à l'indulgence ; lorsqu'on donne un avis, offrir des motifs de crainte ou d'espoir à ceux qui délibèrent.

F. Pourquoi donc est-ce ici (3) que tu parles des divers genres de sujets ?

P. Afin de régler sur le but qu'on se propose (4) la méthode à suivre dans chacun d'eux pour la disposition.

12 *F*. Mais comment ?

P. Parce que, dans les discours où l'on se propose de plaire, on peut disposer ses arguments de différentes façons. On peut dans le discours d'apparat adopter l'ordre chronologique, la division en catégories générales (5), ou bien monter du moins important au plus important, descendre du plus important au moins important, ou bien

(1) Voir § 61.

(2) Genre laudatif.

(3) Et non pas dans la troisième partie, consacrée aux différents genres de sujets.

(4) Cf. § 9.

(5) Comme dans le *de Imperio Cn. Pompei*, où Cicéron considère successivement le talent militaire de Pompée, sa valeur, sa puissance et sa chance.

locationem ad finem accommodo quaestionis. Nam est in *consultatione* finis fides, in causa et fides et motus. Quare cum de causa dixero, in quo inest propositum, de utroque dixero.

10 *F.* Quid habes igitur de causa dicere ?

P. Auditorum [si] *e*am genere distingui. Nam aut auscultator modo est qui audit, aut disceptator, id est rei sententiaeque moderator, ita aut ut delectetur qui* audit, aut ut statuat aliquid. Statuit autem aut de praeteritis, ut iudex, aut de futuris, ut senatus. Sic tria haec genera, iudicii, deliberationis, exornationis, quae, quia in laudationis maxime conferatur, proprium *iam* habet ex eo nomen.

IV **11** *F.* Quas *res* sibi proponit in istis tribus generibus orator ?

P. Delectationem in exornatione; in iudicio, aut saevitiam aut clementiam iudicis ; in suasione, auts pem aut reformidationem deliberantis.

F. Cur igitur hoc loco exponis genera *controuersi*arum ?

P. Vt rationem conlocandi ad finem cuiusque accommodem.

12 *F.* Quonam tandem modo ?

P. Quia quibus in orationibus delectatio finis est, uarii sunt ordines conlocandi. Nam *in exornatione* aut temporum seruantur gradus aut generum distributiones,

10 eam *ERV* : si iam *Pp* ‖ delectetur qui *V*² : qui d. *Pp* ‖ laudationis *P* : –ne *p* ‖ iam *Stangl* : tamen *codd.*

11 Quas res *ERV* : quas *Pp* ‖ controuersiarum *VE* : causarum *PpR*

12 in exornatione *addidi* ‖ seruantur *ERV* : seruabitur *Pp* ‖ incredibilia probabilibus *om. Pp*

relever et varier ces développements de différentes manières, en mêlant le petit au grand, le simple au complexe, l'obscur à l'éclatant, la joie à la tristesse, l'incroyable au vraisemblable, contrastes qui conviennent tous à l'éloquence d'apparat.

13 *F.* Et dans le genre délibératif, sur quoi porter son attention ?

P. L'exorde doit être court ou souvent ne pas exister ; car ceux qui délibèrent, leur propre intérêt les porte à écouter (1). Et généralement, il faut consacrer peu de place à la narration : la narration porte sur le passé ou sur le présent, la délibération sur l'avenir. Convaincre et émouvoir, voilà donc où doit tendre tout discours < de ce genre > .

14 *F.* Et devant les tribunaux, quel plan adopter ?

P. Différent pour l'accusateur et pour l'accusé, parce que l'accusateur suit l'ordre des faits ; tous ses arguments, comme des javelots, il les tient dans sa main (2) ; il les présente d'une manière forte, les résume sous une forme pénétrante; il les renforce par des écrits < émanant de particuliers >, des décisions <de magistrats > , des témoignages ; il s'arrête sur chacun d'eux avec le soin nécessaire ; les règles oratoires pour exciter les âmes sont appliquées par lui dans tout le discours en de rapides digressions et avec plus de véhémence dans la péroraison. Car son but est d'appeler < sur l'accusé > la colère du juge.

V **15** *F.* Et l'accusé, lui, que doit-il faire ?

P. Tout le contraire. Comme exorde, en choisir un qui lui concilie la sympathie ; de la narration retrancher ce qui peut nuire, ou la supprimer, si, dans toutes ses parties, elle lui est contraire ; les preuves sur lesquelles l'accusateur s'appuie pour convaincre, il doit les réfuter directement, ou les faire perdre de vue, ou bien les enterrer sous des digressions ; les parties de la péroraison éveilleront la pitié.

(1) Il n'y a donc pas besoin de piquer leur attention, ce qui, dans les autres cas, est le rôle de l'exorde.

(2) Tel un guerrier prêt à l'attaque. Comparaison fréquente.

aut a minoribus ad maiora ascendimus, aut a maioribus ad minora delabimur, aut haec inaequabili uarietate distinguimus, cum parua magnis, simplicia coniunctis, obscura dilucidis, laeta tristibus, *incredibilia probabilibus* nteximus, quae in exornationem cadunt omnia.

13 *F*. Quid ? in deliberatione quid spectas ?

P. Principia, uel non longa uel saepe nulla. Sunt enim ad audiendum qui deliberant sua causa parati. Nec multum sane saepe narrandum. Est enim narratio praeteritarum rerum aut praesentium, suasio autem futurarum. Quare ad fidem et ad motum adhibenda est omnis oratio.

V **14** *F*. Quid ? in iudiciis quae est conlocatio ?

P. Non eadem accusatoris et rei, quod accusator rerum ordinem prosequitur, et singula argumenta, quasi hastas in manu conlocat, uehementer proponit, concludit acriter, confirmat tabulis, decretis, testimoniis, accuratiusque in singulis commoratur, *eis* orationis praeceptis, quae ad incitandos animos ualent, et in relicua oratione, paululum digrediens de cursu dicendi, utitur,et uehementius in perorando.Est enim propositum ut iratum efficiat iudicem.

15 *F*. Quid faciendum est contra r*eo* ?

P. Omnia longe secus. Principia sumenda ad beneuolentiam conciliandam ; narrationes aut *a*mputandae, quae laedunt, aut relinquendae, si totae sunt molestae ; firmamenta ad fidem posita aut per se diluenda aut obs-

14 eis *add. Friedrich* || orationis *P* : per– *cet.*
15 contra reo *ERV* : contraria *Pp* || aut amputandae *ERV* : autem putandae *Pp* || uolumus tenere possumus *clausula vitiosa* || est *P* : sit *p*

F. Pour la disposition, sommes-nous donc toujours maîtres de l'ordre à suivre ?

P. Non vraiment, car les oreilles des auditeurs servent de guide à l'orateur prudent et prévoyant ; ce qu'elles repoussent, il faut le changer.

L'élocution.

16 *F.* Maintenant donne-moi les préceptes relatifs au style même et aux mots.

P. Il y a deux genres d'élocution, l'une qui se déroule librement (1), l'autre à formes travaillées et variées (2). Les mots ont une première valeur employés seuls, une seconde unis à d'autres. Employés seuls, il faut les bien choisir, unis à d'autres, les bien placer. Considérés seuls, les mots sont primitifs ou créés artificiellement. Primitifs sont ceux qui ont été imposés originellement, créés ceux qui ont été dérivés des premiers et formés par analogie, imitation (3), flexion (4), ou composition. **17** On peut encore distinguer les mots d'après leur nature ou leur emploi. D'après leur nature, les uns sont plus sonores, plus nobles, plus harmonieux et en quelque sorte (5) plus brillants ; ou inversement. D'après leur emploi, ce sont des termes pris avec leur valeur propre ou employés comme épithètes, nouveaux ou archaïques, modifiés par l'orateur et en quelque sorte détournés <de leur signification> ; par exemple lorsque nous étendons le sens métaphoriquement ou le transformons (6), que nous nous servons des mots pour ainsi dire abusivement (7), que nous atténuons (8), que nous employons des expressions

(1) Voir §§ 16-22.

(2) Voir §§ 23-24.

(3) Il s'agit sans doute des mots latins imités du grec.

(4) Cicéron pense vraisemblablement aux mots grecs transcrits en latin par addition d'une simple désinence latine.

(5) Parce que *nitidus*, jusque-là, n'avait jamais été appliqué aux mots.

(6) La métonymie.

(7) La catachrèse.

(8) La litote.

curanda aut digressionibus obruenda ; perorationes autem ad misericordiam conferendae.

F. Semperne igitur ordinem conlocandi quem uolumus tenere possumus ?

P. Non sane. Nam auditorum aures moderantur oratori prudenti et prouido ; eae quod respuunt immutandum est.

16 *F.* Expone deinceps quae [in] ipsius orationis uerborumque praecepta sint.

P. Vnum genus est eloquendi sua sponte fusum, alterum uersum atque mutatum. Prima uis est in simplicibus uerbis, in coniunctis secunda. Simplicia inuenienda sunt, coniunctio conlocanda est. Et simplicia uerba partim natiua sunt, partim reperta. Natiua ea, quae significata sunt sensu ; reperta, quae ex eis facta sunt et nouata aut similitudine aut imitatione aut inflexione aut adiunctione uerborum. **17** Atque etiam est haec distinctio in *uerbis*, altera natura, tractatione altera. Natura, ut sint al*ia* sonantiora, grandiora, leuiora et quodam modo nitidiora, alia contra. Tractatione autem, cum aut propria sumuntur rerum uocabula aut addita ad nomen, aut noua aut prisca aut ab oratore modificata et inflexa quodam modo ; qualia sunt ea quae transferuntur aut immutantur, aut ea, quibus tamquam abutimur, aut ea quae obscuramus, quae incredibiliter tollimus, quaeque

16 ipsius *ERV* : in ipsius *Pp* || quae significata sunt primo sensu *habet* QVINT. *8, 3, 36*

17 uerbis *ERV* : neruis *Pp* || sint alia *ERV* : sint altera *Pp* || ornamus *ERV* : ora- *Pp*

hyperboliques ou des figures plus extraordinaires que ne permet la langue de tous les jours.

VI **18** *F*. Voilà pour les mots pris isolément ; maintenant considérons-les unis à d'autres.

P. Lorsqu'ils sont unis à d'autres (1), il faut une allure un peu nombreuse et une certaines harmonie < dans l'emploi des tours grammaticaux > . Le nombre (2), ce sont les oreilles qui le sentent d'elles-mêmes (3) ; elles ne veulent pas qu'il manque des mots pour exprimer l'idée ou qu'il y en ait trop. L'harmonie des tours évite dans le style des disparates choquantés de genre, de nombre, de temps, de personne et de cas. Car, lorsque les mots sont employés isolément, il faut blâmer ce qui n'est pas latin, et, quand ils sont unis à d'autres, ce qui est discordant.

19 Sont communes aux mots employés isolément ou unis à d'autres les cinq qualités suivantes, qui sont pour ainsi dire (4) les flambeaux <du style>, à savoir clarté, brièveté, convenance, éclat, agrément.

Pour la clarté, employer des mots usuels, pris dans leur sens propre, bien placés, qu'ils soient < d'ailleurs > dans une période parfaite, des phrases coupées ou de brèves incises ; l'obscurité tient au caractère délayé ou concis du style, à l'ambiguïté des mots ou à leur emploi détourné et figuré.

La brièveté est atteinte par l'emploi de mots simples, quand on n'exprime chaque idée qu'une fois et qu'on ne s'attache à l'idée que pour l'exprimer clairement.

Convenable est le style qui n'est pas trop peigné et travaillé, où les mots ont de l'autorité et du poids, où les pensées sont fortes ou bien adaptées soit à l'opinion soit au caractère des auditeurs.

(1) C'est-à-dire dans la phrase. On notera que Cicéron traite à part la *concinnitas* (§ 21), alors que dans le *de Oratore*, III 171 et suiv. il ne sépare pas cette question de celles qu'il examine ici.

(2) On sait que la question du nombre oratoire a été longuement traitée par Cicéron dans l'*Orator*, 168 et suiv.

(3) Même opinion par exemple dans l'*Orator*, 177 et le *Brutus*, 34.

(4) A cause de l'emploi métaphorique et nouveau du mot *lumina*.

admirabilius quam sermonis consuetudo patitur ornamus.

VI **18** *F*. Habeo de simplicibus uerbis ; nunc de coniunctione quaero.

P. Numeri quidam sunt in coniunctione seruandi consecutioque uerborum. Numeros aures ipsae metiuntur, ne aut non compleas uerbis quod proposueris aut redundes. Consecutio autem, ne generibus, numeris, temporibus, personis, casibus perturbetur oratio. Nam, ut in simplicibus uerbis quod non est L*at*inum, sic in coniunctis quod non est consequens uituperandum est.

19 Communia autem simplicium coniunctorumque sunt haec quinque quasi lumina, dilucidum, breue, probabile, illustre, suaue.

Dilucidum fiet usitatis uerbis, propriis, dispositis *aut* ci*r*cumscription*e* conc*lu*sa aut intermissione aut concisione uerborum. Obscurum autem aut longitudine aut contractione orationis aut ambiguitate aut inflexi*on*e atque immutatione uerborum.

Breuitas autem conficitur simplicibus uerbis, semel unaquaque re dicend*a*, nulli rei, nisi ut dilucide dicas, seruiendo.

Probabile autem genus est orationis, si non nimis est comptum atque expolitum, si est auctoritas et pondus in uerbis, si sententiae uel graues, uel aptae opinionibus hominum ac moribus.

18 Latinum *ERV* : linitum *P* linum *p*
19 aut *ERV* || circumscriptione *ERV* : –nem *p* ciitum– *P ut uidetur* || conclusa *V* : –cisa *P* –sam *p* || inflexione *ERV* : –bile *Pp* || dicenda *ERV* : –di *Pp* || sententias uel graues aptas opinionibus hominum ac moribus *habet* Qvint. *8, 3, 43*.

20 On donne de l'éclat au style en se servant de mots choisis pour leur allure noble, de métaphores, d'hyperboles, d'épithètes, de reprises, de synonymes, pourvu que tout cela ne jure pas avec le ton général du discours et avec la réalité. En effet, cette partie du style est celle qui place les choses pour ainsi dire sous nos yeux (1) ; ce sens en est particulièrement frappé (2), mais les autres sens et particulièrement l'intelligence même peuvent aussi en être émus (3). D'ailleurs ce que j'ai dit de la clarté du style, s'applique exactement à l'éclat. En effet, l'éclat est quelque chose de plus que la clarté, dont je parlais plus haut. Celle-ci nous fait comprendre une chose, l'autre fait que nous croyons la voir.

21 L'agrément du style tiendra d'abord au choix et à l'agrément de mots sonores et harmonieux, puis à leur assemblage, qui n'offrira pas d'aspérités, de trous ou d'hiatus (4); qui formera une période bien arrondie, non pas trop longue dans son contour, mais en rapport avec la puissance du souffle ; qui présentera dans les mots quelque ressemblance et quelque symétrie, due soit à l'opposition des mots, soit au balancement des mots de même longueur ; on reprendra le même mot deux fois à la file, ou bien à la fin d'une phrase et au commencement de la suivante ; on le répétera même à plusieurs reprises ; enfin entre les membres de phrase on trouvera tantôt des conjonctions, tantôt la liberté de l'asyndète. **22** L'on donnera aussi de l'agrément au style en exposant des choses qui n'ont été ni vues ni entendues ou qui sont entièrement nouvelles. Ce qui plaît, en effet, c'est ce qui étonne, et le discours qui émeut surtout est celui qui provoque quelque émotion dans les âmes et celui qui laisse voir que le caractère de l'orateur (5) même mérite d'exciter la

(1) L'hypotypose.

(2) A cause des images.

(3) En raison de la valeur des métaphores ou du charme que les comparaisons mêmes offrent à l'intelligence.

(4) Cf. en particulier *de Oratore*, III, 171-172.

(5) Nous n'avons pu rendre le rapprochement *oratio-orator*. — Par *mores*, Cicéron traduit le grec ἦθος.

20 Illustris est autem oratio, si et uerba grauitate delecta ponuntur et translata *et supralata*, et ad nomen adiuncta et duplicata et idem significantia, atque ab ipsa actione *atque imitatione* rerum non abhorrentia. Est enim haec pars orationis quae rem constituat paene ante oculos. Is enim maxime sensus attingitur, sed et ceteri tamen et maxime mens ipsa moueri potest. Sed quae dicta *sunt* de oratione dilucida, cadunt in hanc illustrem omnia. Est enim plus aliquanto illustre, quam illud dilucidum. Altero fit ut intellegamus, altero ut uidere uideamur.

21 Suaue autem genus erit dicendi, *primum* elegantia et iucunditate uerborum sonantium et leuium, deinde coniunctione, quae neque asperos habeat concursus, neque disiunctos atque hiantis, et sit circumscripta non longo anfractu, sed ad spiritum uocis apto, habeatque similitudinem aequalitatemque uerborum, cum ex contrariis sumpta*m* uerbis, *tum ut* uerba paria paribus respondeant relataque ad idem uerbum et geminata ac duplicata uel etiam saepius iterata ponantur, constructioque uerborum tum coniunctionibus *copuletur, tum dissolutionibus* relaxetur. **22** Fit etiam suauis oratio, cum aliquid aut in*uisum* aut inauditum aut nouum dicas. Delectat etiam quicquid *est* admirabile maximeque

20 delecta, translata, superlata, ad nomen adiuncta, duplicia, et idem significantia, ab ipsa actione atque imitatione rerum non abhorrentia *habet* QVINT. *ib.* || translata *P* : tra– *p'* || et supralata *ERV* || atque imitatione *ERV* || Is *p* : iis *P* || maxime p^1 : –is Pp^2 || sunt *ERV* || intellegamus *P* : –ligamus *p*

21 primum *ERV* || hiantis *p* : hiantes P || cum *ERV* : tum *Pp* || sumptam *Schuetz* : –ta *codd.* || tum ut *add. Schuetz* || copuletur tum dissolutionibus *ERV*

22 inuisum *nos* : inuisum tuum *ERV* tuum *Pp* inusitatum *vulg.*

sympathie. Il produit cet effet, soit en marquant un jugement et un cœur humain et généreux, soit en usant d'un artifice de langage, quand, pour élever quelqu'un ou se rabaisser lui-même, on sent qu'il dit d'une façon et pense d'une autre, et cela par courtoisie plutôt que par mensonge. D'ailleurs, parmi ces préceptes sur l'agrément, beaucoup peuvent rendre le style plus obscur (1) ou moins convenable au sujet (2). Donc, ici encore (3), nous devons considérer nous-mêmes (4) les exigences du sujet (5).

VII **23** *F*. Il te reste donc à parler de l'expression à formes travaillées et variées.

P. Ce style consiste uniquement à modifier l'emploi des mots. Pour les mots considérés isolément, on part d'un mot afin de développer la pensée ou on la resserre en un mot. On part d'un mot, lorsque le mot propre, son synonyme ou un mot créé est étiré en plusieurs mots. On la resserre, quand une définition est ramassée en un seul mot, ou bien que l'on écarte les mots accessoires (6), ou bien que les périodes sont coupées (7), ou bien que l'on fond deux mots en un mot composé. **24** Pour les mots unis à d'autres, il y a deux manières de modifier, non pas les mots, mais simplement leur ordre : lorsque l'on a présenté la pensée suivant l'ordre direct et naturel, on le retourne, et l'on exprime la même idée en suivant, pour ainsi dire, l'ordre inverse et contraire; on peut également séparer des mots qui se construisent ensemble et même faire permuter des mots entre eux. La pratique de la parole se reconnaît surtout dans toutes ces manières de varier l'expression.

(1) Par exemple, si l'on emploie un langage trop figuré et allégorique.

(2) Si le style est trop tendu et prétentieux, par exemple.

(3) Cf. § 8.

(4) Malgré les règles générales et objectives, il y a une part d'application subjective.

(5) Voir si elles ne sont pas contraires aux règles générales.

(6) Synonymes, épithètes, etc.

(7) Et remplacées par des membres de phrase composés d'un mot.

mouet ea quae motum aliquem animis ciet oratio, quaeue significat oratoris ipsius amabilis mores, qui exprimuntur aut signando iudicio ipsius et animo humano ac liberali, aut inflexione sermonis, si aut augendi alterius aut minuendi sui causa, alia dici ab oratore, alia existimari uidentur, idque comitate fieri magis quam uanitate. Sed sunt multa suauitatis praecepta, quae orationem aut magis obscuram, aut *m*inus probabilem faciunt. Itaque hoc etiam loco nobis est ipsis quid causa postulet iudicandum.

VII **23** *F.* Relicuum est igitur ut dicas de conuersa oratione atque mutata.

P. Est quidem id genus totum in commutatione uerborum, quae simplicibus in uerbis ita tractatur ut aut ex uerbo dilatetur aut in uerbum contrahatur oratio. Ex uerbo, cum aut proprium aut idem significans aut factum uerbum in plura uerba diducitur. Ex *contr*actione, cum aut definitio ad unum uerbum reuocatur aut adsumpta uerba remouentur aut circuitus diriguntur aut coniunctione fit unum uerbum ex duobus. **24** In coniunctis autem uerbis *du*plex adhiberi potest commutatio, non uerborum, sed ordinis tantummodo, ut, cum semel dictum sit directe, sicut natura ipsa tulerit, inuertatur ordo et idem quasi sursum uersum retroque dicatur, deinde idem intercise atque permixte. Eloquendi autem exerci-

est *ERV* : sit *Pp* || animis ciet *Friedrich* : animi scit *Pp* || quaeue *nos* : –que *Pp* || exprimuntur *P* : –mentur *p* || fieri magis *P* : m. f. *p* || minus *ERV* : eminus *Pp*

23 diducitur *P* : de– *p* || contractione *ed. Norimb.* : orat– *cett.* || definitio *P* : –one *p*

24 duplex *Piderit* : tri– *codd.* || uersum *cet.* : –sus *p* || conuertendi *cet.* : –tandi *p*

L'action.

25 *F.* C'est l'action qui vient maintenant, je crois.

P. Oui, et l'orateur doit avoir particulièrement soin de la régler sur l'importance du fond et de la forme. En effet, elle donne au style de la clarté, de l'éclat, de la convenance et de l'agrément, non par les mots, mais par la variété des intonations, les attitudes du corps, < les jeux > de physionomie, moyens très puissants, s'ils sont en harmonie avec le ton du discours et qu'ils en rendent exactement la valeur et la variété.

La mémoire.

26 *F.* Ne te reste-t-il rien d'autre à dire sur l'orateur même ?

P. Non, quand j'aurai parlé de la mémoire, qui est comme la sœur jumelle de l'écriture et qui a tant de ressemblance avec elle, bien que dans un genre très différent. Dans l'écriture, on distingue les caractères et la matière sur laquelle on grave ces caractères ; de même la mémoire a comme tablettes ses catégories propres, où elle place les images, qui sont comme ses lettres.

Le discours.

VIII **27** *F.* Puisque tu m'as exposé maintenant tout ce qui constitue le talent propre de l'orateur, qu'as-tu à me dire sur les préceptes relatifs au discours (1) ?

P. On y distingue quatre parties : la première et la dernière doivent toucher l'âme ; car le début et la péroraison ont pour rôle de l'émouvoir ; la seconde, la narration, et la troisième, la confirmation, rendent le discours convaincant. Quant à l'amplification, bien qu'elle ait sa place propre, souvent au commencement, presque toujours à la fin, on doit l'employer aussi dans tout le corps du discours, surtout à l'appui des preuves ou des réfutations. Voilà pourquoi elle aussi est un puissant moyen de convaincre ; en effet, l'amplification est comme une argu

(1) Nous n'avons pu, ici encore, rendre le rapprochement *oratio-orator.*

tatio maxime in hoc toto conuertendi genere uersatur.

25 *F.* Actio igitur sequitur, *u*t opinor.

P. Est *ita* ; quae quidem orat*o*ri et cum rerum *et* cum uerborum momentis com*mu*ta*nda* maxime est. Facit enim et dilucidam orationem et illustrem et probabilem et suauem, non uerbis sed uarietate uocum, motu corporis, [ac] uol*tu*, quae plurimum ualebunt, si cum orationis genere consentient eiusque uim ac uarietatem subsequentur.

26 *F.* Num quid *i*am tibi de oratore ipso restat aliud ?

P. Nihil sane, praeter memoriam, quae est gemina litteraturae quodammodo, et in dissimili genere persimilis. Nam ut illa constat ex notis litterarum et ex eo in quo imprimuntur illae notae, sic confectio memoriae, tamquam cera, locis utitur et in his imagines ut litteras conlocat.

VIII 27 *F.* Quoniam igitur uis oratoris omnis exposita est, quid habes de orationis praeceptis dicere ?

P. Quattuor eius partis esse, quarum prima et postrema ad motum animi ualet ; is enim est initiis et perorationibus concitand*us*. Secunda, narratio, *et* tertia, confirmatio, fidem facit orationi. Sed amplificatio quamquam habet proprium locum, saepe etiam primum, postremum quidem fere semper, tamen relicuo in cursu orationis adhibenda est, maximeque cum aliquid aut con-

25 ut *ERV* : aut *Pp* ‖ ita *ERV om.* *Pp* ‖ oratori *ERV* –ioni *Pp* ‖ et cum *ERV* : tum *Pp* ‖ commutanda *ERV* : comita tu *Pp* ‖ uultu *ERV* : ac uoltus *Pp*

26 quid iam *ERV* : quidnam *P* aliquis *p* ‖ et in dissimili *cet.* : in dissimili *p*

27 concitandus *ERV* : –dis *Pp* ‖ et tertia *cet.* : tertia *p*

mentation passionnée ; l'argumentation instruit, l'amplification émeut.

28 *F.* Aie donc la bonté de me parler successivement des quatre parties que tu viens d'énumérer.

L'exorde.

P. Je le ferai et commencerai par l'exorde. Il se tire des personnes ou des faits mêmes (1). On s'y propose un triple objet : obtenir de l'auditeur sympathie, intérêt, attention (2).

Pour le premier objet, les moyens se tirent de nous, de nos juges, de nos adversaires. C'est là que nous cherchons les germes qui nous concilieront la bienveillance ; nous parlerons de nos services, de notre situation morale, ou de quelqu'une de nos qualités, en particulier libéralité, serviabilité, justice, bonne foi ; nous reprocherons à nos adversaires les défauts contraires et nous indiquerons les points de contact (3) entre les juges et nous dans le présent ou pour l'avenir. Si l'on a excité contre nous la haine ou la défiance, il faut détruire ou affaiblir ces impressions, en les effaçant, en les atténuant, en mettant nos mérites en balance, en apitoyant.

29 Pour être écoutés avec intérêt et avec attention, il faut commencer directement par les faits. Mais il est bien plus facile pour l'auditeur (4) d'apprendre et de comprendre ce dont il s'agit, si, dès le début, l'orateur résume le genre et la nature de la cause, s'il la définit, s'il la divise, s'il ne trouble pas l'intelligence de l'auditeur par la confusion des parties, ni sa mémoire par leur nombre. Aussi bien les conseils que nous donnerons tout à l'heure (5) touchant la clarté de la narration pourront-ils s'appliquer ici aussi.

(1) Cicéron a traité cette question plus particulièrement dans le *de Oratore*, II, 315.

(2) Idée souvent exprimée par Cicéron : voir *de Inventione*, I 20 ; *de Oratore* II 80 ; *Orator* 122 ; *Topiques* 97.

(3) Classe sociale, par exemple.

(4) Il est impossible de rendre en français le rapprochement *audiamur-auditor*.

(5) Voir § 32.

firmatum est aut reprensum. Itaque ad fidem quoque *uel* plurimum ualet. Est enim amplificatio uehemens quaedam argumentatio, ut illa docendi causa, haec commouendi.

28 *F*. Perge igitur ordine quattuor istas mihi partis explicare.

P. Faciam et a principiis primum ordiar, quae quidem ducuntur aut ex personis aut ex rebus ipsis. Sumuntur autem trium rerum gratia, ut amice, ut intellegenter, ut attente audiamur.

Quorum primus locus est in personis nostris, disceptatorum, aduersariorum. *E* quibus initia beneuolentiae conciliandae comparantur, aut meritis nostris aut dignitate aut aliquo genere uirtutis et maxime liberalitatis, officii, iustitiae, fidei, contrariisque rebus in aduersarios conferendis, et *cum eis, qui disceptant*, aliqua coniunctionis aut causa aut spe significanda, et, si in nos aliquod odium offensio*ue* col*l*ata sit, ea tollenda minuendaue aut diluendo aut extenuando aut compensando aut deprecando.

29 Intellegenter autem ut audiamur et attente, a rebus ipsis ordiendum est. Sed facillime discit auditor et quid agatur intellegit, si complectare in principio genus naturamque causae, si definias, si diuidas, si neque prudentiam eius impedias confusione partium nec memoriam multitudine; quaeque mox *de* narratione dilucida dicentur, eadem etiam huc poterunt recte *re*ferri.

uel *ERV* || illa *Pp*[2] : haec *p*[1]

28 E *EV om. cet.* || et cum eis qui disceptant *codd. dett.* : capiant *Pp* || coniunctionis *cet.* : –tio *P* || aliquod *P* : -quid *cet.* || offensioue *ERV* : –ne *Pp* || collata *RV* : –locata *PpE*

29 rebus ipsis *cet.* : ipsis rebus *P* || de *ERV* || referri *R* : ferri *PpV* conferri *E*

30 Pour être écoutés avec intérêt, il faut user de l'un de ces trois moyens : annoncer d'emblée quelque chose d'important ou d'inéluctable ou à quoi soient intéressés ceux-là mêmes devant lesquels nous parlerons (1). N'oublions pas non plus la recommandation suivante : si d'aventure la date même, l'affaire, le lieu (2), l'arrivée de quelqu'un (3), une interruption, un mot prononcé par l'adversaire nous offrent, surtout dans la péroraison, l'occasion d'un développement adapté à la circonstance, ne la négligeons pas. Les conseils que nous donnerons à leur place pour l'amplification (4) peuvent aussi, en grande partie, s'appliquer à l'exorde.

La narration.

IX **31** *F.* Et dans la narration, quelles règles faut-il observer ?

P. La narration est l'exposé des faits ; c'est sur elle pour ainsi dire que l'on se repose et s'appuie pour établir la conviction ; il faut donc avant tout observer les mêmes règles que dans les autres parties du discours ; les unes sont indispensables, les autres accessoires et d'ornement. La narration sera claire et vraisemblable ; cela est indispensable ; accessoirement nous ajouterons l'agrément. **32** Donc, pour faire une narration claire, nous reprendrons les préceptes donnés plus haut (5) sur la netteté et l'éclat du discours ; il s'en trouve également sur la brièveté, qui fait très souvent le principal mérite de la narration. Celle-ci sera vraisemblable, si les choses racontées (6) ne sont pas en contradiction avec les personnes, avec les circonstances de temps et de lieu ; si chaque fait, chaque effet reçoit son explication ; si ce qu'on dit paraît établi par un témoignage appuyé sur l'opinion générale ou

(1) Les juges, par exemple.
(2) La curie ou le forum.
(3) L'arrivée d'un personnage notoire.
(4) Voir § 53.
(5) Voir § 19.
(6) Nous n'avons pu rendre en français le rapprochement *narratio-narrabuntur.*

30 Vt attente autem audiamur, trium rerum aliqua consequemur. Nam aut magna quaedam proponemus aut necessaria aut coniuncta cum ipsis apud quos res agetur. Sit autem hoc etiam in praeceptis, ut, si quando tempus ipsum aut res aut locus aut interuentus alicuius aut interpellatio aut ab aduersario dictum aliquod, et maxime in perorando, dederit occasionem nobis ut dicamus aliquid ad tempus apte, ne relinquamus ; et, quae suo loco de amplificatione dicemus, multa ex eis poterunt ad principiorum praecepta transferri.

IX **31** *F*. Quid ? in narratione quae tandem obseruanda sunt ?

P. Quoniam narratio est rerum explicatio et quaedam quasi sedes ac fundamentum constituendae fidei, ea sunt in ea seruanda maxime, quae etiam in relicuis fere dicendi partibus ; quae *partim sunt necessaria*, partim adsumpta ad ornandum. Nam ut dilucide probabiliterque narremus, necessarium est ; sed adsumimus etiam suauitatem. **32** Ergo ad dilucide narrandum eadem illa superiora explanandi et illustrandi praecepta repetemus, in quibus sit breuitas ea quae saepissime in narratione laudatur [de qua supra dictum est]. Probabil*is* autem erit, si personis, si temporibus, si locis ea, quae narrabuntur ; consentient ; si quoiusque facti et euenti causa ponetur, si testata dici uidebuntur, si cum hominum opinione, auctoritate, si cum lege, cum more, cum religione coniunc-

30 agetur *E* : agitur *cel.* || hoc etiam *cel.* : etiam hoc *P* || apte *ERV* : ad te *Pp*
31 partim sunt necessaria *ERV*
32 de qua supra dictum est *seclusi* || Probabilis *ERV* : -bit *Pp*

sur quelque autorité, conforme aux lois, aux mœurs, à la religion ; si le narrateur donne de lui l'idée d'un homme probe, de vieille souche, doué d'une bonne mémoire, qui parle franc et auquel sa vie sert de garant. On trouvera de l'agrément aux narrations qui présentent des passages qui étonnent, qui captivent, des dénouements inattendus, par endroits des mouvements pathétiques, des dialogues (1), de la douleur, de la colère, de la crainte, de l'allégresse, des passions. Mais voyons le reste.

Confirmation et réfutation.

33 *F.* Ce qui vient maintenant concerne sans doute les moyens de convaincre ?

P. Oui. On y distingue la confirmation et la réfutation. Dans la confirmation, nous voulons donner nos preuves, dans la réfutation, détruire celles de l'adversaire. Or, dans tout procès, on cherche si la chose existe ou non, ce qu'elle est, de quelle qualité elle est ; le premier point se traite par la conjecture, le deuxième par la définition, le troisième par la qualification (2).

La confirmation conjecturale.

X **34** *F.* Je comprends ta division. Maintenant je voudrais connaître les lieux pour la conjecture.

P. C'est sur la vraisemblance et les indices caractéristiques de chaque chose qu'elle repose tout entière. Pour nous faire comprendre, appelons vraisemblable ce qui se produit le plus souvent, par exemple que la jeunesse est plus portée au plaisir, et indices caractéristiques un rapport constant et infaillible, comme entre la fumée et le feu. Le vraisemblable résultera des parties et en quelque sorte des membres de la narration, c'est-à-dire de ce qui a trait aux personnes, aux localités, aux temps, aux faits, aux effets, à la nature des choses et des questions considérées en elles-mêmes (3).

(1) Cf. Quintilien *Inst. Or.* 4, 2, 107.

(2) Ce sont les trois états de cause, sur lesquels Cicéron reviendra dans les §§ 101-106.

(3) Indépendamment des circonstances de temps, lieu, etc.

ta; si probitas narrantis significabitur, si antiquitas, si memoria, *si* orationis ueritas et uitae fides. Suauis autem narratio est, quae habet admirationes, exspectationes, exitus inopinatos, [si] interpositos motus animorum, colloquia personarum, dolores, iracundias, metus, laetitias, cupiditates. Sed iam ad relicua pergamus.

33 *F*. Nempe ea sequuntur, quae ad faciendam fidem pertinent.

P. Ita est ; quae quidem in confirmationem et in reprensionem diuiduntur. Nam in confirmando nostra probare uolumus, in reprendendo redarguere contraria. Quoniam igitur omne, quod in controuersiam uenit, id aut sit necne sit aut quid sit aut quale sit quaeritur, in primo coniectura ualet, in altero definitio, in tertio ratio.

X **34** *F*. Teneo istam distributionem. Nunc coniecturae locos quaero.

P. In ueri simi*libus* et in propriis rerum notis posita tota est. Sed appellemus docendi gratia uerisimile, quod plerumque ita fiat, ut adulescentiam procliuiorem esse ad libidinem, propriae autem nota*e* argumentum, quod numquam aliter fit certumque declaret, ut fumus ignem. Verisimilia reperientur ex partibus et quasi membris narrationis. Ea sunt in personis, in locis, in temporibus, in factis, in euentis, in rerum ipsarum negotiorumque naturis.

|| si *ERV* || interpositos *ERV*: si interpositos *Pp* || admirationes, exspectationes, exitus inopinatos, colloquia personarum *habet* Qvint. *I. O. 4, 2, 107* || iracundias *ERV* : –iae *Pp*
34 coniecturae locos *ERV* : –ra locosque *Pp* || similibus *ERV* : simillimis *Pp* || notae *vulg.* : notatum *ER* –tur *Pp V*

35 Pour les personnes, on examine d'abord ce qui est dû à la nature, santé, extérieur, force, âge, sexe masculin ou féminin, voilà pour le corps ; pour l'âme, ses caractères, vertus ou vices, talents ou leur contraire, ses passions, désir, crainte, plaisir, peine. Voilà pour ce qui est des qualités naturelles. Quant aux qualités accidentelles, on considère la naissance, les amis, les enfants, les parents par le sang et par alliance, les ressources, les honneurs, les fonctions, les richesses, l'indépendance, et ce qui s'oppose à tout cela.

36 Pour les localités, on examine ce qui vient de la nature — sont-elles près ou loin de la mer, plates ou montueuses, unies ou escarpées, salubres ou malsaines, ombragées ou exposées au soleil ?—et ce qui vient du hasard — sont-elles cultivées ou non, fréquentées ou désertes, couvertes d'édifices ou nues, inconnues ou célèbres par le souvenir d'actions mémorables, sacrées ou profanes ?

XI 37 Pour le temps, on envisage le présent, le passé et l'avenir ; dans ces divisions mêmes on distingue ce qui est ancien, récent, imminent, d'une réalisation prochaine ou éloignée. Dans le temps rentre aussi ce qui en marque soit la nature, si j'ose me servir de ce mot (1), comme l'hiver, l'été, soit les divisions, comme le mois, comme le jour, comme la nuit, l'heure, toutes distinctions qui viennent de la nature. C'est au hasard que se rapportent les sacrifices, les jours fériés, les mariages.

38 Quant aux faits et aux effets, ils sont voulus ou non prémédités, et < dans le second cas > imputables au hasard ou à un trouble de l'âme : au hasard, quand l'événement a dérangé nos calculs, à un trouble quand l'accusé a été troublé par un oubli, une erreur, la crainte ou quelque passion. Dans les cas où il n'y a pas eu préméditation, nous rangerons aussi la nécessité.

En ce qui concerne les choses bonnes ou mauvaises, il y en a de trois catégories : elles peuvent se rattacher à l'âme, au corps ou à des contingences extérieures.

(1) Parce que le mot *natura* ne semble pas pouvoir s'appliquer à *tempus*.

35 In personis naturae primum spectantur ualetudinis, figurae, uirium, aetatis, marium, feminarum ; atque haec quidem in corpore ; animi autem, aut quem ad modum affecti sint, uirtutibus, ui*t*iis, artibus, inerti*i*s, aut quem ad modum commoti, cupiditate, metu, uoluptate, molestia. Atque haec quidem in natura. In fortuna, genus, amicitiae, liberi, propinqui, affines, opes, honores, potestates, diuitiae, libertas, et ea, quae sunt his contraria.

36 In locis autem et *ill*a naturalia, maritimi an remoti a mari, plani an montuosi, leues an asperi, salubres an pestilentes, opaci an aprici, et illa fortuita, culti an inculti, celebres an deserti, coaedificati an uasti, obscuri an rerum gestarum uestigiis nobilitati, consecrati an profani.

XI **37** In temporibus autem, praesentia, praeterita, futura cernuntur, in his ipsis uetusta, recentia, instantia, paulo post *aut* aliquando futura. Insunt etiam in temporibus illa quae tempori*s* quasi naturam notant, ut hiemps, ut aestas *a*ut anni tempora, ut mensis, ut dies, ut nox, hora [tempestas], quae sunt naturalia ; fortuita autem sacrificia, festi dies, nuptiae.

38 Iam facta e*t* euentus aut consilii sunt aut imprudentiae, quae est aut in casu aut in quadam animi permotione ; casu, cum aliter cecidit quam putatumest, permotione, cum aut oblivio aut error aut metus aut aliqua metus aut cupiditatis causa per-

35 uitiis *ERV* : uiris *Pp* || inertiis *cet.* : –tis *p* || et ea *cet.* : ea *p*
36 illa *ERV* : alia *Pp*
37 uetusta *cet.* : –tate *p* || aut *ERV* || temporis *EV* : –ribus *Pp* –rum *R* || aut anni *ERV* : ut anni *Pp*
38 facta et *ERV* : factae *Pp*

Voilà donc la matière où nous pouvons puiser pour l'argumentation ; il faut promener notre pensée sur toutes les parties (1), et tirer de quelqu'une les conjectures propres à la cause en question.

39 Il y a un autre genre d'arguments tiré des indices qui accompagnent un fait (2), comme une arme, du sang répandu, des cris, des lamentations, une démarche mal assurée, un changement de couleur, un langage contradictoire, un tremblement et tout ce que les sens peuvent percevoir ; de même les préparatifs, les confidences < antérieures au crime >, et ce qui a été vu, entendu, dénoncé après son exécution.

40 De ces arguments vraisemblables, les uns touchent par leur propre force, même présentés isolément ; les autres peuvent sembler faibles par eux-mêmes, mais agissent très efficacement une fois groupés. Et, parmi ces arguments vraisemblables, il y a parfois aussi des indices certains et caractéristiques des faits (3). Ce qui rend la vraisemblance particulièrement convaincante, c'est un exemple, puis un cas voisin ; quelquefois même un cas imaginaire, même incroyable, touche beaucoup les auditeurs.

Question de définition.

XII **41** *F.* Et la définition, comment l'étudier méthodiquement ?

P. Il n'est pas douteux que la définition se tire du genre et du caractère spécifique ou encore d'un groupement de qualités communes < à plusieurs objets, mais dont l'ensemble > met en lumière ce caractère spécifique. Toutefois, comme, sur ces caractères spécifiques, il y a généralement une vive divergence d'opinions, il faut définir souvent par des contraires, souvent aussi par des différences, souvent par des similitudes. Aussi les descriptions sont-elles également à leur place dans cette partie, ainsi que

(1) Cicéron entend sans doute : sur toutes sans exception.

(2) On trouvera le développement de ce § dans la *Rhétorique à Hérennius* II 8.

(3) Donc plus que des soupçons.

mouit. Sit etiam in imprudentia necessitas ponenda.

Rerum autem bonarum et malarum tria genera sunt. Nam aut in animis aut in corporibus aut extra esse possunt.

Hac igitur materie ad argumentum subiecta, perlustrandae animo partes erunt omnes, et ad id quod ag*e*tur ex singulis coniectura capienda.

39 Est etiam genus argumentorum aliud, quod ex facti uestigiis sumitur, ut telum, cruor, clamor, *eiula*tus, titubatio, permutatio coloris, oratio inconstans, tremor [eorum], aliorum quidquid sensu percipi possit ; etiam si praeparatum aliquid, si communicatum cum aliquo, si postea uisum, auditum, indic*a*tum.

40 Verisimilia autem partim singula mouent e suo pondere, partim, etiamsi uidentur esse exigua per se, multum tamen, cum sunt coaceruata, proficiunt. Atque in his uerisimilibus insunt nonnumquam etiam certae rerum et propriae notae. Maximam autem fidem facit ad similitudinem ueri primum exemplum deinde introducta rei similitudo; fabula etiam nonnumquam, etsi sit incredibilis, tamen homines commouet.

XII **41** *F.* Quid ? definitionis quae ratio est et quae uia ?

P. Non dubium est id quidem, quin definitio genere declaretur et proprietate quadam aut etiam communium frequentia, ex quibus proprium quid sit *e*luceat. Sed quoniam de propriis oritur plerumque magna dissensio, def*ini*endum est saepe ex contrariis, saepe etiam

agetur *ERV* : agitur *Pp*
39 eiulatus V^2: auditus *Pp R* || eorum *secl. Wilkins* || quidquid *P*: quid quod *p* || indicatum *ERV* : inditum *Pp*
41 eluceat *ERV* : luceat *Pp* || definiendum *ERV*: deflendum *Pp*

l'énumération des conséquences nécessaires ; surtout l'explication <étymologique> d'un mot et d'un nom est d'un effet puissant.

Question de qualité.

42 *F.* Tu m'as exposé maintenant à peu près toutes les questions à se poser sur le fait et la façon de le qualifier. Reste donc, lorsque l'on est d'accord sur le fait et le nom à lui donner, un point sur lequel on discute : la qualité.

P. En effet.

F. Dans ce cas, quels sont les partis possibles ?

P. Dire que l'action est juste, ayant été faite pour se défendre ou pour se venger, pour un motif de piété, de chasteté, de religion ou de patriotisme, enfin par nécessité, par ignorance, par hasard. **43** D'ailleurs, pour ce qui a été fait sans dessein prémédité sous l'empire d'une émotion et d'une passion, on ne saurait invoquer ce moyen de défense en cas de poursuites criminelles définies par les lois, mais bien dans les autres cas, où la décision du juge est plus libre. Lorsque se pose la question de qualité, la question ordinairement est de savoir si l'action a été faite justement ou non ; l'examen des lieux fournira la matière de la discussion.

La réfutation.

44 *F.* Mais tu avais divisé (1) en confirmation et réfutation les moyens qui rendent le discours convaincant ; tu as traité de la confirmation (2): parle-moi maintenant de la réfutation.

P. Il faut ou bien nier tout ce que l'adversaire a avancé dans son argumentation, si l'on peut prouver que c'est fabriqué ou faux, ou bien réfuter ce qu'il a avancé comme vraisemblable : d'abord < l'adversaire > a avancé pour certain ce qui est douteux ; on pourrait tenir le même langage à propos de choses évidemment fausses ; enfin, de ce qu'il a avancé, l'on ne peut pas tirer ce qu'il veut conclure. Il faut saper ses preuves les unes après les autres ; ainsi

(1) Voir § 33.
(2) Voir §§ 34-43.

ex dissimilibus, saepe ex paribus. Quamobrem descriptiones quoque sunt in hoc genere saepe aptae et enumeratio consequentium, in primisque commouet explicatio uocabuli ac nominis.

42 *F*. Sunt exposita iam fere ea quae de facto quaeque de facti appellatione quaeruntur. Nempe igitur ea restant, quae, cum *et* fact*um* const*a*t et nom*en*, qualia sint uocatur in dubium.

P. Est ita ut dicis.

F. Quae sunt igitur in eo genere partes ?

P. Aut iure factum, depellendi aut ulciscendi doloris gratia, aut pietatis aut pudicitiae aut religionis aut patriae nomine, aut denique necessitate, inscitia, casu. **43** Nam quae motu animi et perturbatione facta sine ratione sunt, ea defensionem contra crimen legitimis iudiciis non habent, in liberis disceptationibus habere possunt. Hoc in genere, in quo qual*e* sit quaeritur, [ex controuersia] iure *necne* factum sit quaeri solet ; quorum disputatio ex *lo*corum descriptione sumenda est.

44 *F*. Agesis, quoniam in confirmationem et reprensionem diuiseras orationis fidem, et dictum de altero est, expone nunc de reprendendo.

P. Aut totum est negandum quod in argumentatione aduersarius sumpserit, si fictum aut falsum esse possis docere, aut redarguendum ea quae pro uerisimilibus sumpta sunt, primum dubia sumpta esse pro certis,

42 et factum *V* : ex facto *Pp* factum *ER* || constat *V* : constant *Pp* constet *ER* || nomen *ERV* : nomine *Pp*
43 quale *ERV* : –lis *Pp* || ex controuersia *secl. Schuetz* || necne *Stroebel* : et recte *Pp* || locorum *ERV* : colorum *Pp*

l'ensemble s'écroulera. On doit citer également des cas où, dans une discussion analogue, des preuves n'ont pas trouvé de crédit ; il faut déplorer le danger auquel tout le monde est exposé, si les inventions de gens portés à accuser (1) peuvent menacer la vie des innocents.

Comment traiter les arguments dans cette partie ?

XIII **45** *F.* Puisque je vois où l'on trouve les arguments nécessaires pour convaincre, je voudrais apprendre comment la parole doit traiter chacun d'eux.

P. C'est, me semble-t-il, l'argumentation que tu désires connaître, c'est-à-dire la manière de développer les arguments (2).

F. C'est précisément ce que je réclame.

46 *P.* Donc, comme je viens de le dire, l'argumentation est la manière de développer les arguments ; pour y réussir, elle part de propositions non douteuses ou vraisemblables, et en tire ce qui, considéré seul, paraît douteux ou moins vraisemblable (3). L'argumentation a deux modes, dont l'un tend directement à convaincre (4), tandis que l'autre fait un détour et s'adresse à l'émotion (5). Directement, lorsqu'elle a exposé un point à faire admettre, qu'elle a avancé les raisons sur lesquelles elle s'appuie, et, celles-ci établies, est revenue au point exposé et a conclu. L'autre argumentation, la seconde, suit une marche pour ainsi dire (6) inverse et contraire; elle avance d'abord les raisons choisies et les établit solidement, puis quand elle a vivement ému les âmes, elle lance enfin ce qu'elle aurait dû exposer <en commençant> . **47** On peut aussi varier

(1) Les sycophantes, par exemple.
(2) Question traitée dans la *Rhétorique à Hérennius* II, 27 sqq., dans le *de Inventione* I 44 sqq. et dans le *de Oratore* II, 177.
(3) Il y a donc là une sorte de raisonnement inductif.
(4) Il s'adresse donc à l'intelligence.
(5) Cf. § 5.
(6) Parce qu'il y a comparaison avec une route.

deinde etiam in perspicue falsis eadem posse dic*i*, tum ex eis quae sumpserit non effici quod uelit. *In*cidere autem oportet singula ; sic uniuersa frangentur. Commemoranda sunt etiam exempla quibus *in* simili disputatione creditum non est; conqu*e*renda condicio communis periculi, si ingeniis hominum criminosorum sit exposita uita innocentium.

XIII **45** *F*. Quoniam unde inueniantur quae ad fidem pertinent habeo, quemadmodum in dicendo singula tractentur exspecto.

P. Argumentationem quaerere uideris, quae est argumenti explicatio, [quae, sumpta ex locis eis expositis, conficienda et distinguenda dilucide est].

F. Plane ipsum istuc desidero.

46 *P*. Est ergo, ut supra dictum est, explicatio *argumenti* argumentatio ; sed ea conficitur, cum sumpseris aut non dubia aut probabilia, ex quibus id efficias quod aut dubium aut minus probabile per se uidetur. Argumentandi autem duo genera sunt, quorum alterum ad fidem derecto spectat, alterum se inflectit ad mo*t*um, Dere*cto* igitur, cum proposuit aliquid quod probaret, sumpsitque ea quibus niteretur, *atque*, *h*is confirmatis. ad propositum se rettulit atque conclusit. Illa autem altera argumentatio, quasi retro et contra, prius sumit quae uult eaque confirmat ; deinde id quod proponen-

44 dicitum *ERV* : dictum *Pp* || Incidere *Piderit* : accidere *codd.* || singula *Schuetz* : ut s.*P* de s.*p* ad s.*ERV* || quibus in *ERV* : quibus sit *Pp* || conquerenda *ERV* : conqui – *Pp*
45 quae sumpta – est *secl. Ernesti*
46 argumenti *ERV* || motum *ERV* : modum *Pp* || Derecto *Friedrich* : de re *Pp* || atque his *ERV* : iis *Pp*

l'argumentation et la relever avec quelque agrément, en nous interrogeant nous-mêmes, ou bien en adressant < à l'adversaire > une question, une invitation précise ou un souhait, figures de pensées choisies entre mille. Pour éviter la monotonie, on ne commence pas toujours par exposer <le point à faire admettre> ; on ne veut pas tout établir par un raisonnement; on indiquera parfois brièvement ce qui est suffisamment clair, et, quand les conséquences des prémisses seront claires, on ne croira pas nécessaire de tirer toujours une conclusion en règle.

XIV **48** *F*. Et les arguments que l'on trouve sans le secours de l'art et que tout à l'heure (1) tu as appelés extrinsèques, dans quelle mesure n'ont-ils donc pas besoin d'art ?

P. Mais ils en ont besoin. On les appelle sans art, non qu'ils soient tels en effet, mais parce que ce n'est pas l'art de l'orateur qui les trouve ; ils lui viennent du dehors, mais il lui faut de l'art pour les manier, surtout les témoignages. **49** En effet, à propos des témoignages en général, il faut revenir souvent sur leur fragilité, et sur le fait que les arguments dépendent des événements, les témoignages des volontés ; il faut citer des précédents, où l'on n'a pas ajouté foi à des témoins. Les témoins en particulier, on cherche s'ils ne sont pas de caractère superficiel, léger, s'ils n'ont pas été notés d'infamie, s'ils ne sont point poussés par l'espérance, par la crainte, par la colère, par la pitié, s'ils ne sont pas séduits par l'intérêt ou la faveur. Enfin on compare leur autorité avec celle des témoins cités plus haut et auxquels on n'a pas ajouté foi.

50 Il faut souvent aussi s'élever contre les dépositions faites à la question, parce qu'on peut dire que, pour fuir la douleur, bien des gens ont souvent menti à la torture et ont mieux aimé faire un faux aveu et mourir que de dire la vérité et de souffrir. Beaucoup aussi ont fait le sacrifice de leur vie pour sauver (2) ceux qui leur étaient

(1) Au § 6.
(2) Par un faux aveu.

dum fuit permotis animis iacit ad extremum. **47** Est etiam illa uarietas in argumentando et non iniucunda distinctio, cum interrogamus nosmet ipsi aut percontamur aut imploramus aut optamus, quae sunt cum aliis compluribus sententiarum *orna*menta. Vitare autem similitudinem poterimus, non semper a proposito ordientes, et si non omnia disputando confirmabimus, breuiterque interdum, quae erunt satis aperta, ponemus, quodque ex eis efficietur, si id apertum, non habebimus necesse semper concludere.

XIV **48** *F*. Quid ? illa, quae sine arte appellantur, quae iamdudum assumpta dixisti, ecquonam modo indigent artis ?

P. Illa uero indigent, nec eo dicuntur sine arte, quod ita sint, sed quod ea non parit oratoris ars, sed foris ad se delata tamen arte tractat, et maxime in testibus. **49** Nam et de toto genere testium, quam id sit infirmum, saepe dicendum est, [si] et argumenta rerum esse propria, testimonia autem uoluntatum ; utendumque exemplis, si quis testibus creditum non sit; et de singulis testibus, si natura uani, si leues, si cum ignominia, si spe, si metu, si iracundia, si misericordia impulsi, si praemio, si gratia adducti ; comparandique cum superiore auctoritate testium, quibus tamen creditum non sit.

50 Saepe etiam quaestionibus resistendum est, quod et dolorem fugientes multi in tormentis ementiti persaepe sint morique maluerint falsum fatendo, quam uerum

47 cum *cet.* : quae *p* || ornamenta *E* : argu– *cet.*
48 ecquonam *p* : et q. *P* || ecquonam modo artis indigent *clausula vitiosa*
49 et *ERV* : si et *Pp*

plus chers qu'eux-mêmes. D'autres, par contre, naturellement moins sensibles, ou habitués à souffrir, ou craignant le supplice et la mort, ont supporté toute la cruauté des tortures. D'autres ont accusé faussement ceux qu'ils haïssaient. Il faut appuyer toutes ces allégations par des exemples.

51 D'ailleurs il est clair que l'on peut trouver des exemples pour et contre, et de même des lieux propres à fournir des conjectures pour et contre ; donc, dans les cas contraires, il faudra prendre des raisons contraires.

Il se présente également une autre manière d'infirmer les témoignages, ainsi que les dépositions faites à la torture : souvent, en effet, contre les paroles prononcées (1), si elles sont ambiguës, contradictoires, invraisemblables, ou même en désaccord avec un autre témoignage, on dirige une critique adroite.

La péroraison.

XV **52** *F.* Reste la dernière partie du discours, qui consiste dans la péroraison (2): je voudrais bien t'en entendre parler.

P. Il est assez facile de te donner des éclaircissements sur la péroraison. En effet, on y distingue deux parties, l'amplification et le résumé. Elargir les sujets trouve sa place surtout dans la péroraison ; mais, au cours même du discours, des digressions sont permises en vue d'une amplification, quand on a apporté une preuve ou réfuté celle de son adversaire. **53** L'amplification est donc une sorte d'affirmation plus forte, qui, en touchant les âmes (3), doit rendre le discours convaincant. Elle produit son effet par le choix des mots et par le fond.

Il faut employer des mots capables de jeter de l'éclat et qui ne seront pas éloignés de l'usage courant, forts, pleins, sonores ; composés, nouveaux, synonymes ; distin-

(1) Par les témoins ou à la torture.
(2) Cf. § 4.
(3) Tandis que les arguments s'adressent à l'intelligence.

*dic*endo dol*e*re ; multi etiam suam uitam neglexerint, ut eos qui *h*is cariores quam ipsi sibi essent liberarent; alii autem aut natura corporis aut consuetudine dolendi aut metu supplici ac mortis uim tormentorum pertulerint ; alii ementiti sint in eos, quos oderant. Atque haec exemplis firmanda sunt.

51 Neque est obscurum, quin, quoniam in utramque partem sunt exempla et item ad coniecturam faciendam loci, in contrariis contraria sumenda sint.

Atque etiam incurrit alia quaedam in testibus et in quaestionibus ratio. Saepe enim ea quae dicta sunt, si aut ambigue aut inconstanter aut incredibiliter dicta sunt aut etiam aliter ab alio dicta, subtiliter reprenduntur.

XV **52** *F*. Extrema tibi restat pars orationis, quae posita in perorando est, de qua sane uelim audire.

P. Facil*ior* est explicatio perorationis. Nam est diuisa in duas partes, amplificationem et enumerationem. Augendi autem et hic est proprius locus in perorando, et in cursu ipso orationis declinationes ad amplificandum dantur, confirmata re aliqua aut reprensa. **53** Est igitur amplificatio grauior quaedam affirmatio, quae motu animorum conciliet in dicendo fidem. Ea et uerborum genere conficitur et rerum.

Verba ponenda sunt quae uim habeant illustrandi nec ab usu sint abhorrentia, grauia, plena, sonantia, iuncta,

50 dicendo *Friedrich*: infitiando *codd.* || dolere *ERV*: -lore *Pp* || qui his *ERV*: quis *Pp* || tormentorum pertulerint *clausula uitiosa*
52 Facilior *ERV* : -le *Pp*

gués, hyperboliques, surtout métaphoriques. Voilà pour les mots isolés. Lorsqu'ils sont unis à d'autres, pas de liaison entre les membres de phrase, pour que les mots semblent plus nombreux. **54** A grandir les choses contribue aussi le parallélisme des expressions (1), leur reprise, leur répétition (2), les gradations ascendantes, enfin, d'une manière générale, un style pour ainsi dire naturel et aisé, mais plein d'expressions fortes, convient mieux pour grandir les sujets. Voilà pour les mots, auxquels il faut joindre l'action convenable et propre à faire impression sur les âmes. Mais, et dans les mots et dans l'action, il faut tenir compte de la cause et régler le ton sur le fond. Car on trouve tout à fait absurde un développement trop relevé pour la cause ; il faut donc bien voir ce qui convient (3) dans chaque cas.

XVI **55** Pour le fond, l'amplification puise dans tous les lieux sans exception indiqués plus haut (4) comme propres à convaincre. On emploiera avec le plus de succès les définitions accumulées, l'énumération des conséquences nécessaires, le conflit des notions opposées, différentes, contradictoires, les causes, ce qui sort des causes, surtout les similitudes et les précédents. Que l'on donne même la parole à des personnes imaginaires, voire à des choses inanimées (5) ; d'une façon générale, si la cause le permet, on fait appel à tout ce que l'on regarde comme grand. On y distingue deux groupes. **56** Il y a, en effet, des choses qui semblent grandes par leur nature, d'autres par leur utilité. Par leur nature, comme les choses célestes (6), les choses divines (7), celles dont on ignore les causes, ou les phénomènes terrestres ou célestes qui soulèvent notre étonnement : ces choses et d'autres semblables, si tu veux bien

(1) Il s'agit de la concinnitas, question sur laquelle Cicéron revient souvent dans le *de Oratore*, le *Brutus* et l'*Orator*.

(2) Cf. *Orator* 135.

(3) Cicéron insiste sur ce point dans l'*Orator* 70

(4) Au § 33 sqq.

(5) C'est la prosopopée. Cf. *de Oratore* I 245 et *Orator* 85.

(6) Les phénomènes astronomiques.

(7) Tout ce qui concerne la divination.

facta, cognominata, non uulgaria, superlata, imprimisque tralata. Haec in singulis uerbis : sed in continentibus soluta, quae dicuntur sine coniunctione, ut plura uideantur. 54 Augent etiam rela*ta* uerba, iterata, duplicata et *ea quae* ascendunt gradatim ab humilioribus [uerbis] ad superiora, omninoque semper est quasi naturalis et explana*ta* oratio, sed grauibus referta uerbis, ad augendum accommodatior. Haec igitur in uerbis, quibus actio [uocis et gestus] congruens et apta ad animos permouendos accommodata est. Sed et in uerbis et in *a*ctione causa erit pondera*nd*a et pro re agendum. Nam haec *quia* uidentur perabsurda, cum grauiora sunt quam causa fert, diligenter quid quamque deceat iudicandum est.

XVI 55 Rerum autem amplificatio sumitur eisdem ex locis omnibus e quibus illa quae dicta sunt ad fidem ; maximeque ualent *et definitiones* conglobatae et consequentium frequentatio et contrariarum et dissimilium et inter se pugnantium rerum conflictatio et causae, eaque quae sunt orta de causis, maximeque similitudines et exempla ; fictae etiam personae, mu*t*a denique loquantur, omninoque ea sunt adhibenda, si causa patitur, quae habentur magna, quorum est duplex genus. 56 Alia enim natura magna uidentur, alia usu; natura, ut caelestia, ut diuina, ut ea quorum obscurae causae, ut in terris mundoque admirabilia quae sunt, ex quibus similibusque, si attendas, ad augendum permulta suppetunt ; usu,

54 relata *ERV* : –tiua *Pp* || ea quae *ERV* || uerbis *secl. Schuetz* || explanata *ERV* : –anda *Pp* || uocis et gestus *secl.* Sauppe || actione *ERV* : auc– *Pp* || ponderanda *uulg.* : –rata *Pp* tenenda *ERV* || quia *ERV*
55 et definitiones *V* : definitiones *ER* || muta *ERV* : multa *Pp*

y faire attention, fournissent de nombreux développements pour grandir le sujet. Par leur utilité, quand elles semblent plus particulièrement utiles ou nuisibles aux hommes. En vue de l'amplification, on y distingue trois groupes. En effet, ce qui peut émouvoir les hommes, ce sont les sentiments de respect (1), par exemple envers les dieux, envers la patrie, envers les parents ; d'affection, par exemple pour des frères, pour une femme, pour des enfants, pour des amis ; < enfin > la valeur morale, par exemple la pratique des vertus, surtout de celles qui servent à rapprocher les hommes et à leur faire du bien. L'orateur trouve ici l'occasion d'engager à ne pas se départir de ces vertus, d'exciter la haine contre ceux qui n'y sont pas restés fidèles, et de faire naître le pathétique.

XVII **57** Grandir les choses convient surtout lorsqu'il s'agit de biens perdus ou qu'on craint de perdre ; rien en effet n'excite la pitié comme le passage de la richesse à un état digne de pitié. L'on touchera toujours les auditeurs, en montrant de quelle situation heureuse tombe quelqu'un, à quelles affections il est arraché, ce qu'il perd ou a perdu, à quels malheurs il est ou sera en proie, <tout cela > brièvement. En effet, les larmes sèchent vite (2), surtout lorsque les malheurs concernent notre prochain. Dans l'amplification il ne faut pas vouloir aller jusqu'au fond de la question ; les détails sont toujours minutieux et cette partie demande des touches larges.

58 C'est au goût à décider la manière dont nous pourrons grandir chaque cause. Dans celles où l'on se propose de plaire (3) et qui appartiennent au genre d'apparat, il faut employer les développements qui peuvent provoquer la curiosité, la surprise, le plaisir. Dans le genre délibératif, c'est le résumé des avantages et des inconvénients qui est le plus puissant, avec les exemples. Devant les tribunaux, l'accusateur s'adresse surtout aux moyens qui excitent

(1) Au § 88, on retrouve encore *amor*, *caritas* et *honestas* rapprochés.

(2) Adage que, dans le *de Inventione* (I, 56), Cicéron attribue au rhéteur Apollonius.

(3) Cf. §§ 10 et 69.

quae uidentur hominibus aut prodesse aut obesse uehementius, quorum sunt genera ad amplificandum tria. Nam aut caritate mouentur *h*om*i*nes, ut deorum, ut patriae, ut parentum ; aut amore, ut fratrum, ut coniugum, ut liberorum, *ut* familiarium ; aut honestate, ut uirtutum maxime que earum quae ad communionem hominum et liberalitatem ualent. Ex his et cohortationes sumuntur ad ea retinenda, et in eos, a quibus ea uiolata sunt, odia incitantur, *et* mis*e*rati*o* nascitur.

XVII **57** Proprius locus augendi in iis rebus aut amissis aut *a*mittendi periculo. Nihil est enim tam miserabile quam ex beato miser. Et hoc totum est quod moueat, si qua ex fortuna quis cadat, et a quorum caritate d*i*uellatur, quae *a*mittat aut amiserit, in quibus malis sit futurusue sit exprimitur breu*i*. Cito enim exarescit lacrima, praesertim in alienis malis. Nec quicquam in amplificatione nimis enucleandum est ; minuta est enim omnis diligentia. Hic autem locus grandia requirit.

58 Illud iam sit iudicii, quo quaque in causa genere utamur augendi. In illis enim causis, quae ad de*lect*ationem exornantur, *ii* loci tractandi qui mo*u*ere possunt exspectationem, admirationem, uoluptatem. In cohortationibus autem bonorum ac malorum enumerationes et exempla ualent plurimum. In iudiciis accusatori fere

56 homines *ERV* : omnes *Pp* || ut *ante* familiarium *ERV* || et miseratio *ERV* : ex miseratione *Pp*

57 amissis *cet.* : ad- *p* || amittendi *ERV* : mit– *Pp* || diuellatur *ERV* : de– *Pp* || amittat *ERV* : ad– *Pp* || breui *nos clausulae causa* : breuiter *codd.*

58 delectationem *ERV*: delibera –*Pp* || ii loci *ERV* : et longi *Pp*

la colère < des juges > , l'accusé à ceux qui excitent leur compassion ; quelquefois cependant l'accusateur doit provoquer la compassion, le défenseur la colère.

59 Reste le résumé ; il est nécessaire quelquefois dans le genre démonstratif, rarement dans le genre délibératif, et, < devant les tribunaux > , plus souvent à l'accusateur qu'à l'accusé. Il trouve sa place dans deux cas, lorsqu'on se méfie de la mémoire de ceux devant qui l'on plaide, en raison du temps écoulé ou de la longueur du discours, ou bien lorsque, en rassemblant les preuves et en les exposant brièvement, le discours doit acquérir plus de force. **60** Si l'accusé doit faire plus rarement usage de la récapitulation, c'est qu'il doit répondre à l'accusation, et que la réfutation n'apparaîtra pas en de courtes réflexions; de plus des traits rapides seront blessants (1). Mais, dans le résumé, il faut éviter un étalage de mémoire qui risquerait de sembler puéril. On y réussira en ne reprenant pas tous les moindres détails, mais en passant rapidement sur chaque point pour grouper ce qu'il y a vraiment d'essentiel.

Les questions. Leurs genres principaux.

XVIII **61** *F.* Puisque tu m'as parlé de l'orateur même et du discours, parle-moi maintenant du dernier (2) des trois points que tu as distingués, la question.

P. Comme je l'ai dit en commençant (3), il y a deux genres de questions, l'une où le temps et les personnes sont déterminés et que je nomme cause particulière, l'autre, indéterminée, sans circonstance de personne ni de temps et que je nomme thème général (4). Mais le thème général est comme une partie de la cause particulière : en effet l'indéterminé est contenu dans le déterminé et toujours c'est à lui que l'on ramène tout.

(1) Ce que l'accusé doit éviter ; § 15.

(2) Voir § 4.

(3) Voir § 4.

(4) Le terme latin *propositum* est évidemment inspiré du grec θέσις.

quae ad iracundiam, reo plerumque quae ad misericordiam pertinent. Nonnumquam tamen accusator misericordiam mouere debet et defensor iracundiam.

59 Enumeratio relicua est, laudatori nonnumquam, suasori non saepe, accusatori saepius quam reo necessaria. Huius tempora duo sunt, *si aut* memoriae diffidas eorum apud quod agas uel interuallo temporis uel longitudine orationis, *aut frequentatis firmamentis orationis* et breuiter expositis uim est habitura causa maiorem. **60** Reo rarius utendum, quod ponenda sunt contraria, quorum dissolutio in breuitate non lucebit, aculei pungent. Sed erit in enumeratione uitandum ne ostentatio memoriae suscepta uideatur esse puerilis. Id effugiet, qui non omnia minima repetet, sed, breu*i* singula attingens, pondera rerum ipsa comprendet.

XVIII **61** *F.* [De questione] Quoniam et de ipso oratore et de oratione dixisti, expone eum mihi nunc, quem ex tribus extremum proposuisti, quaestionis locum.

P. Duo sunt, ut in initio dixi, quaestionum genera, quorum alterum, finitum temporibus et personis, causam appello, alterum infinitum, nullis neque personis neque temporibus notatum, propositum uoco. Sed propositum *quasi* pars causae [controuersiae] ; inest enim infinitum in definito et ad illud tamen referunt*ur* omnia.

mouere *ERV* : monere *Pp*
59 si aut *ERV* || aut – orationis *ERV*
60 breui *Manutius* : –uia *Pp*
61 De questione *habet P ante* quoniam, *p ante* oratione, *secl. ERV* || quasi *ERV* : latio *Pp* || controuersiae *secl. Kayser* || referuntur *ERV* : –runt *Pp*

Questions indéterminées.

62 Aussi parlons d'abord du thème général, dont il y a deux genres (1), le premier de théorie, dont le but est de connaître, par exemple : peut-on se fier aux sens ? l'autre de pratique, qui a en vue quelque action, comme si l'on se demande par quels bons offices l'amitié peut s'acquérir. Revenons au premier genre ; on en distingue trois sortes : La chose existe-t-elle ou non ? Qu'est-elle ? Quelle est sa qualité ? Existe-t-elle ou non (2) ? Exemple : « le droit est-il dans la nature ou dans la coutume ? » Qu'est-elle (3) ? Exemple : « Entend-on par droit ce qui est utile au plus grand nombre ? »Sa qualité ? Exemple : « Est-il utile de vivre selon la vertu (4) ? » **63** De thèses pratiques, il y a deux genres, la première, quand on recherche ou qu'on repousse une chose, par exemple : « de quelle façon peut-on acquérir la gloire ? » ou : « comment éviter l'envie ? » l'autre, quand on a en vue quelque but avantageux ou utile, par exemple comment il faut administrer l'Etat ou comment il faut vivre dans la pauvreté.

64 Pour revenir à l'examen des cas généraux théoriques, où l'on cherche si une chose est ou n'est pas, a été ou sera, il y a un premier genre de questions : possibilité d'une chose, par exemple quand on cherche si quelqu'un peut posséder la parfaite sagesse ; un deuxième, origine d'une chose, par exemple d'où vient la vertu ? de notre nature, de notre volonté ou de nos habitudes ? Dans ce genre rentrent par exemple toutes les questions de recherche abstruse (5) et de physique, où l'on développe les causes et les raisons des choses. XIX **65** Dans le genre où l'on cherche la nature du point en litige, on peut distinguer deux cas : dans l'un, la discussion doit porter sur l'identité ou la non identité, par exemple, de l'obstination et de la persévérance ; dans l'autre, il s'agit

(1) Cf. *Topiques*, 81 sqq.
(2) Conjecture.
(3) Définition.
(4) Théorie des stoïciens.
(5) Les questions les plus profondes de philosophie, surtout dans le domaine de la métaphysique.

62 Quamobrem prius de proposito dicamus, cuius genera sunt duo, cognitionis alterum ; eius scientia est finis, ut uerine sint sensus ; alterum actionis, quod refertur ad faciendum quid,ut si quaeratur quibus officiis amicitia quaerenda sit. Rursus superioris genera sunt tria, sit necne sit et quid sit et quale sit. Sit necne sit, ut ius in natura sit an in more ; quid autem sit, sitne ius id quod maiori parti sit utile ; quale autem sit, sic iuste uiuere sitne utile. **63** Actionis autem duo sunt genera, unum ad persequendum aliquid aut declinandum, ut quibus rebus adipisci gloriam possis aut quomodo inuidia uitetur ; alterum,quod ad aliquod commodum usumque referatur, ut quem ad modum sit res publica administranda aut quem ad modum in paupertate uiuendum.

64 Rursus autem ex cog*nit*ioni*s* consultation*e*, *ubi* sit necne sit aut fuerit futurumue sit quaeritur, unum genus est quaestionis,possitne aliquid effici, *ut*, quom quaeritur ecquisnam perfecte sapiens esse possit,alterum [cum] quem ad modum quicque fiat, ut quonam pacto uirtus pariatur, naturane an ratione an usu. Quoius generis sunt omnes in quibus, ut in obscuris naturalibusque quaestionibus, causae rationesque rerum explicantur. XIX **65** Illius autem generis in quo quod sit id de quo agitur quaeritur, duo sint [genera], quorum in altero disputandum est aliud an idem sit, *u*t pertinacia *et* perseuerantia ; in altero autem, descriptio generis a*li*quo*i*us et

62 sic *ERV* : sit *Pp*
64 cognitionis consultatione ubi sit *ERV* : cogitationibus consultationibus *Pp* || ut *vulg.* : tum *Pp* || cum *secl. ERV*
65 genera *secl. Friedrich* || sit ut *cet.* : sit aut *p* || et *ERV* || aliquoius *nos* : aequius *Pp* alicuius *ERV*

de tracer la description et comme le portrait de tout un groupe ; par exemple : on peint un avare ou ce qu'est un orgueilleux (1). **66** Enfin le troisième genre, qui étudie la question de qualification, doit porter sur l'honneur, l'utilité ou l'équité. Sur l'honneur, par exemple : « Est-il conforme à l'honneur de s'exposer pour un ami au danger ou à l'envie ? » Sur l'utilité, par exemple : « Est-il utile de se mêler aux affaires publiques ? » Sur l'équité, par exemple : « Est-il équitable de préférer ses amis à ses parents par le sang ? » Dans ce même genre se présente aussi une discussion d'une autre nature. On ne se borne plus à chercher directement ce qui est vertueux (2), ce qui est utile, ce qui est équitable, mais, aussi, par comparaison, ce qui est plus vertueux, ce qui est plus utile, ce qui est plus équitable et même ce qu'il y a de plus vertueux, de plus utile, de plus équitable ; dans ce genre rentre la recherche de ce qui constitue la plus haute dignité de l'existence (3). Tout ce que je viens d'exposer se rapporte aux questions de théorie.

67 Restent celles de pratique. Une première catégorie donne des préceptes sur la règle de nos devoirs, par exemple sur la manière d'honorer nos parents. La seconde vise à calmer les âmes et à les guérir (4) par nos paroles, par exemple, à consoler la douleur, à réfréner la colère, à chasser la crainte ou à modérer la passion. A cette catégorie est opposée celle où le développement s'adresse à ces mêmes sentiments, mais, comme il arrive souvent dans l'amplification (5), se propose de les provoquer ou de les exciter. Telle est à peu près la division des cas généraux.

XX **68** *F.* J'ai compris ; mais je voudrais savoir quelle est ici la méthode pour trouver et disposer les arguments.

(1) Comparer *Topiques* 83.

(2) Il nous a semblé contraire au sens de rendre *honestum* par « honorable », quoique *honestas* soit rendu par « honneur ».

(3) Question souvent traitée par la philosophie grecque.

(4) Nous n'avons pu rendre l'allitération *sedandos-sanandos*.

(5) Voir § 52 sqq.

quasi imago est exprimenda, ut qualis sit auarus aut quid sit superbus. **66** Tertio autem in genere in quo quale sit quaeritur, aut de honestate aut de utilitate aut de aequitate dicendum *est*. De honestate sic, ut honestumne sit pro amico periculum aut inuidiam subire. De utilitate autem, sitne utile in re publica administranda uersari. De aequitate autem, ut sitne aequum amicos cognatis anteferre. Atque in hoc eodem genere, [in quo quale sit quaeritur,] exoritur aliud quoddam disputandi genus. Non enim simpliciter solum quaeritur quid honestum sit, quid utile, quid aequum, sed etiam ex comparatione quid honestius, quid utilius, quid aequius, atque etiam quid honestissimum, quid utilissimum, quid aequissimum, cuius generis illa sunt, quae praestantissima sit dignitas uitae. Atque ea quidem quae dixi cognitionis sunt omnia.

67 Restant actionis, cuius alterum est praecipiendi genus, quod ad rationem officii pertinet, ut quem ad modum colendi sint parentes ; alterum autem ad sedandos animos et oratione sanandos, ut in consolandis maeroribus *a*ut in iracundia comprimenda aut in timore deleniendo aut in cupiditate minuenda. Quoi quidem generi contrarium est disputandi genus ad eosdem illos animi motus, quod in amplificanda oratione saepe faciendum est, uel gignendos uel concitandos. Atque haec fere partitio est consultationum.

66 est *ERV* : si *Pp* || in quo –quaeritur *seclusi* || aliud quoddam *cet.* : q. a. *p*
67 maeroribus aut *nos* : m. ut *codd.* || Quoi *p*[1] : quoid *P* cui *cet.*

P. Quoi ? Tu penses qu'elle n'est pas absolument semblable à celle que j'ai exposée (1) et que les mêmes lieux ne fournissent pas tous les développements pour porter la conviction comme pour trouver les arguments ? Quant à leur ordre, la méthode exposée pour les autres sources de développements (2) sera appliquée ici.

Questions déterminées; leurs genres.

F. Puisque je connais tout ce qui concerne la division logique des thèmes généraux, restent les différents genres de causes particulières et les préceptes qui s'y rapportent.

69 *P.* Précisément. De ces causes il y a deux sortes (3). L'une veut plaire à l'oreille; l'autre obtenir justice, prouver et faire triompher sa thèse ; car c'est de là que part tout débat. Aussi la première se nomme-t-elle discours d'ornement; comme ce genre peut être étendu et très varié, nous y choisirons un seul type, celui où l'on se propose de louer les hommes illustres et de blâmer les méchants. En effet, il n'y a pas de discours plus fécond pour l'éloquence, plus utile à l'Etat ou dans lequel l'orateur ait plus l'occasion d'appliquer la connaissance des vertus et des vices. Les autres genres de causes portent (4) sur la prévision de l'avenir ou la discussion du passé ; dans le premier cas, il s'agit de délibérer, dans l'autre de juger. **70** Cette division fournit donc trois genres de causes : le premier, envisagé sous son jour le plus favorable (5), a été appelé laudatif, le second délibératif, le troisième judiciaire. Parlons donc en premier lieu du premier, si tu le veux bien.

F. Je le veux bien.

Genre laudatif.

XXI *P.* Les règles de l'éloge et du blâme, règles valables non seulement pour parler éloquemment, mais pour vivre bien, je les ex-

(1) Dans les §§ 5, 8, 13, 33 sqq.

(2) Voir § 9 sqq.

(3) Comparer § 10,

(4) Nous n'avons pas pu rendre par le même verbe français les deux formes *uersetur* et *uersatur*.

(5) Il sert aussi pour le blâme ; cf. § préc.

XX 68 *F*. Cognoui, sed quae ratio sit in his inueniendi et disponendi requiro.

P. Qu*id* ? *tu* aliamne censes ac non eandem quae est exposita ut ex iisdem locis ad fidem et ad inueniendum ducantur omnia ? Collocandi autem quae est exposita in aliis ratio, eadem huc transferetur.

F. Cognita igitur omni distributione propositorum, causarum genera et praecepta restant.

69 *P*. Admodum. Et earum quidem forma duplex est, quarum *altera delectationem sectatur aurium*, alter*ius*, ius ut obtineat, probet et efficiat quod agit, *unde* omnis est suscepta contentio. *It*aque illud superius exornatio dicitur ; quod cum latum genus esse potest saneque uarium, unum ex eo deligimus, quod ad laudandos claros uiros suscipimus et ad improbos uituperandos. Genus enim nullum est orationis, quod aut uberius ad dicendum aut utilius ciuitatibus esse possit aut in quo magis orator in cognitione uirtutum uitiorumque uersetur. Relicuum autem genus causarum aut in prouisione posteri temporis aut in praeteriti disceptatione uersatur, quorum alterum deliberationis est, alterum iudicii. **70** Ex qua partitione tria genera causarum exstiterunt, unum, quod a meliore parte laudationis est appellatum, deliberationis alterum, tertium iudiciorum. Quamobrem de primo primum, si placet, disputemus.

F. Mihi uero placet.

68 his *cet.* : iis *p* || Quid tu *ERV* : Quidne *Pp* || ac non *Stroebel*: an non *Pp* et non *ERV* || propositorum *Lambin* : –tarum *codd.*

69 altera–aurium *ERV* || alterius ius *nos* : altera ius *Pp* alterius *ERV*. || unde *ERV* || Itaque *ERV* : et eaque *Pp*

poserai brièvement (1), en commençant par remonter aux sources de l'éloge et du blâme. **71** On doit, en effet, louer tout ce qui touche à la vertu, et, tout ce qui touche au vice, le blâmer. Aussi le but de l'éloge est-il ce qui est bien (2), celle du blâme ce qui est mal. Ce genre de discours consiste à raconter et à exposer les faits sans aucune argumentation, parce qu'il s'occupe de toucher doucement les cœurs plutôt que de former ou de renforcer la conviction (3). En effet, on ne prouve pas ce qui est douteux, mais on grandit ce qui est certain ou donné comme tel. Aussi devra-t-on se reporter aux préceptes donnés antérieurement sur la narration et l'amplification (4).

72 Puisque, dans ces causes, on ne se préoccupe guère que de plaire à l'auditeur et de le charmer, on emploiera un style orné, des mots éclatants qui parent très agréablement le discours (on y réussit par l'emploi fréquent de mots (5) nouveaux, ou archaïques, ou pris métaphoriquement), et simplement un arrangement des mots, où se répondent souvent des termes de même longueur et de désinence semblable, des antithèses, des redoublements, des périodes nombreuses, qui, sans ressembler au vers (6), satisfont les exigences instinctives de l'oreille, comme par une sorte de rythme dû en quelque sorte au juste groupement des mots. **73** Il faut aussi recourir assez fréquemment aux ornements de fond que voici : faits surprenants et inattendus, ou bien annoncés par des phénomènes extraordinaires, des prodiges, des oracles, ou bien tels que les dieux et les destins semblent les avoir envoyés au per-

(1) La question est abordée déjà dans la *Rhétorique à Hérennius* III 10 et suiv., dans le *de Inventione* II 177-178 et dans le *de Oratore* II 341 et suiv.

(2) Cf. *de Inventione* II 156 et *Topiques* 91.

(3) Ce qui est précisément le but de l'argumentation ; v. §§ 5 et 33.

(4) Voir §§ 31 et 53 sqq.

(5) Cicéron distingue les mêmes catégories dans le *de Oratore* III 152.

(6) Ce qui est une faute grossière ; v. à ce propos le *de Oratore* III 175.

XXI *P.* Ac laudandi uituperandique rationes, quae non ad bene dicendum solum sed etiam ad honeste uiuendum ualent, exponam breuiter atque a principiis exordiar et laudandi et uituperandi. **71** Omnia enim sunt profecto laudanda quae coniuncta cum uirtute sunt, et quae cum uitiis, uituperanda. Quamobrem finis alterius est honestas, alterius turpitudo. Conficitur autem genus hoc dictionis narrandis exponendisque factis, quod sine ullis argumentationibus ad animi motus leniter tractandos magis quam ad fidem faciendam *au*t confirmandam accommodatur. Non enim dubia firmantur, sed ea quae certa, aut pro certis posita sunt augentur. Quamobrem ex iis quae ante dicta sunt, et narrandi et augendi praecepta repetentur.

72 Et quoniam in his causis omnis ratio fere ad uoluptatem auditoris et ad delectationem refertur, utendum erit in iis *ornata* oratione et singulorum uerborum insignibus, quae habent plurimum suauitatis (id fit si factis uerbis aut uetustis aut tralatis frequenter utamur), et ipsa constructione uerborum, ut paria paribus et similia similibus saepe referantur, ut contraria, *ut* geminata, ut circumscripta numerose, non ad similitudinem uersuum, sed ad explendum aurium sensum apto quodam quasi uerborum modo. **73** Adhibendaque frequentius etiam illa ornamenta rerum, siue admirabilia siue nec opina*ta* siue significata monstris, prodigiis et oraculis, siue quae uidebuntur ei de quo agemus cecidisse diuina *at*que fatalia. Omnis

71 aut *ERV* : et *Pp*
72 ratio *ER* : oratio *Pp V* || ornata *add. Friedrich* || tralatis *P* : trans– *cet.* || ut geminata *ERV* : aut g. *Pp*
73 opinata *ERV* : opina *Pp* || atque *ERV* : que *Pp*

sonnage dont il s'agit. En effet l'attente des auditeurs, l'étonnement, un dénouement imprévu sont toujours pour eux une source de plaisir.

XXII **74** Puisqu'on distingue trois espèces de biens et de maux (1), occupons-nous d'abord de ceux qui nous sont extérieurs et qui reposent sur la naissance : on la louera brièvement et avec modération ; si elle n'est pas honorable, on la passera sous silence ; si elle est basse, on n'en dira rien ou l'on s'en servira pour ajouter à la gloire de celui que nous louons. Puis, si le sujet le comporte, on parlera immédiatement des richesses et des ressources. On passera alors aux biens corporels ; celui qui est le plus clair symbole de la vertu, à savoir la beauté, prête le mieux à l'éloge. **75** Ensuite on en vient aux actions, pour lesquelles on peut adopter trois plans différents. En effet, l'on doit suivre l'ordre chronologique, ou prendre avant tout ce qu'il y a de plus récent, ou faire rentrer des actions nombreuses et variées dans les groupes particuliers où l'on range les vertus.

... Mais ce lieu des vertus et des vices, si étendu, a été l'objet de discussions nombreuses et variées que nous résumerons ici en peu de mots précis. **76** La vertu, dans son essence, est double (2) : elle est du domaine spéculatif ou pratique. Car celle que l'on appelle prudence, ou bien habileté, ou bien, d'un si beau nom, sagesse, est purement spéculative. Mais celle qu'on loue parce qu'elle gouverne les passions et règle les mouvements de l'âme est pratique de par son rôle : on la nomme modération (3). Pour en revenir à la prudence, appliquée aux affaires domestiques, on l'appelle ordinairement économie, aux affaires de l'Etat, politique. **77** De même (4), la modération peut s'exercer sur les biens qui nous appartiennent en propre et sur ceux

(1) Cf. § 38.

(2) Théorie d'Aristote (*Ethique* I, 13), que suivait entre autres Panétius, si l'on en croit Diogène Laerce (VII, 92).

(3) Cicéron donne ici au mot un sens beaucoup plus vaste que dans le *de Inventione*, par exemple (II 164).

(4) Comme la prudence.

enim exspectatio eius qui audit et admiratio et improuisi exitus habent aliquam in audiendo uoluptatem.

XXII **74** Sed quoniam in tribus generibus bona malaue uersantur [externi et corporis et animi], prima sint externa, quae ducantur a genere ; quo breuiter modiceque laudato, aut, si erit infame, praetermisso, si humile, uel praeterito uel ad augendam eius quem laudes gloriam ta*c*to, deinceps, si res patietur, de fortunis erit facultatibusque dicendum. Postea de corporis bonis, in quibus, qu*o*d quasi uirtut*e*m maxime significat, facillime forma laudatur. **75** Deinde est ad facta ueniendum quorum collocatio triplex est. Aut enim temporum seruandus ordo est aut in primis recentissimum quidque dicendum aut multa et uaria facta in propria uirtutum genera sunt di*ger*enda.

... Sed hic locus uirtutum atque uitiorum latissime patens ex multis et uariis disputationibus nunc in quandam angustam et breuem concludetur. **76** Est igitur uis uirtutis duplex. Aut enim scientia cernitur uirtu*s* aut actio*ne*. Nam quae prudentia, quae calliditas quaeque grauissimo nomine sapientia appellatur, haec scientia pollet una. Quae uero moderandis cupiditatibus regendisque animi motibus laudatur, eius sit munus in agendo; quo*i* temperantiae nomen est. Atque illa prudentia in suis rebus domestica, in publicis ciuilis appellari solet.

uoluptatem *cet.* : uolun– *p*

74 externi–animi *secl. Sauppe* || tacto *EV* : tacito *Pp* tracto *R* || quod *ERV* : quid *Pp* || virtutem *ERV* : –tum *Pp*

75 quidque *P* : quic– *p* || digerenda *Lambin* : dirigenda *codd.* || *Ante* sed *lacunam significaui.*

76 uirtus *ERV* : –tutes *Pp* || actione *ERV* : actio *Pp* || laudatur *cet.* : –dentur *p* || quoi *nos auctore Wilkins* : quo *Pp*

qui nous sont communs avec d'autres. En ce qui concerne les choses agréables, elle en use de deux manières : elle ne convoite pas celles qu'elle n'a pas et elle s'abstient de celles dont elle peut légitimement disposer. Pour les choses désagréables, elle est également double : lorsqu'elle résiste aux maux à venir, on la nomme courage ; quand le malheur est là et qu'elle le supporte jusqu'au bout sans faiblir, on la nomme patience. Le résumé de ces qualités est appelé noblesse d'âme ; elle comprend la libéralité dans l'emploi de l'argent et aussi la force d'âme pour accepter les choses désagréables, surtout les injustices, et, d'une façon générale, tout ce qui est de même genre. **78** Quand elle s'exerce à l'égard des autres, la modération est nommée justice. Envers les dieux, elle s'appelle piété, envers les parents respect, à propos de nos engagements honnêteté, dans la modération à punir douceur, amitié dans la bienveillance qu'elle atteste. Ces vertus s'aperçoivent dans la pratique.

XXIII Il y a d'autres qualités dont on pourrait dire qu'elles sont les servantes et les compagnes de la sagesse. L'une discerne et juge ce qu'il y a de vrai et de faux dans les discussions et ce qui se tire des prémisses ; cette vertu réside tout entière dans la science théorique de la discussion. L'autre est le talent oratoire. **79** L'éloquence, en effet, n'est autre chose que la sagesse parlant (1) avec abondance ; issue de la même source que la sagesse appliquée à la discussion (2), elle est plus féconde (3), plus étendue et plus capable d'émouvoir les passions de l'âme et la sensibilité de la multitude. Quant à la vertu qui veille sur les autres, qui fuit ce qui est déshonorant et recherche avant tout l'estime, c'est la pudeur. Telles sont à peu près ce que l'on pourrait appeler des manières d'être de l'âme ; leur tendance et leur nature sont telles qu'elles se distin-

(1) Nous n'avons pu rendre le rapprochement *eloquentia-loquens*.

(2) La dialectique.

(3) Cf. dans l'*Orator* 113-114 la manière dont Zénon rapproche l'éloquence et la dialectique.

77 Temperantia autem in suas itidem res et in communes distributa est duobusque modis *in rebus commodis* discernitur, et ea quae absunt non expetendo, et ab eis quae in potestate sunt abstinendo. In rebus incommodis est itidem duplex. Nam quae uenientibus malis obstat, fortitudo, quae, quod iam adsit tolerat et perfert, patientia nominatur. Quae autem haec uno genere complectitur, magnitudo animi dicitur ; quoius est liberalitas in usu pecuniae simulque altitudo animi in capiendis incommodis et maxime iniuriis, et omne quod est eius generis [graue sedatum]. **78** In communione autem quae posita pars est, iustitia dicitur, eaque erga deos religio, erga parentes pietas, [uulgo autem bonitas,] creditis in rebus fides, in moderatione animaduertendi lenitas, amicitia in beniuolentia nominatur. Atque hae quidem uirtutes cernuntur in agendo.

XXIII Sunt autem aliae quasi ministrae comitesque sapientiae; quarum altera quae sint in disputando uera atque falsa quibusque positis quid sequatur distinguit et iudicat ; quae uirtus omnis in ratione scientiaque disputandi sita est, altera autem oratoria. **79** Nihil est enim a*li*ud eloquentia nisi copiose loquens sapientia ; quae ex eodem hausta genere quo illa, quae in disputando, est uberior atque latior et ad motus animorum uulgique sensus accommodatior. Custos uero uirtutum omnium, dedecus fugiens laudemque maxime consequens, uerecundia est. Atque hi quidem sunt fere quasi quidam habitus

77 in rebus commodis *ERV* || graue, sedatum *secl. Lambin*
78 uulgo autem bonitas *secl. Schuetz*
79 aliud *ERV* : apud *Pp*

guent les unes des autres par le caractère particulier de la vertu propre à chacune d'elles ; mais tous les actes qu'elles peuvent inspirer sont nécessairement vertueux et dignes des plus grands éloges.

80 Il y a aussi d'autres manières d'être de l'âme, qui, pour ainsi dire, sont d'avance formées et disposées à la vertu par les études et les sciences nobles : telle est, pour ce qui ne concerne que nous (1), l'étude de la littérature, celle des rythmes et des sons, celle des quantités, celle des astres, celle de l'équitation, celle de la chasse, celle des armes, et, pour ce qui concerne aussi les autres, les études qui nous portent à cultiver plus particulièrement tel groupe de vertus, comme le dévouement absolu à la religion ou un attachement particulier et ardent aux parents, aux amis, aux hôtes.

Voilà pour les vertus, auxquelles s'opposent les diverses catégories de vices. **81** Il faut prendre bien garde de nous laisser abuser par les vices qui, au premier abord, ressemblent à des vertus. A la prudence ressemble la finesse, à la modération la sauvagerie, qui fait fi des plaisirs, à la noblesse d'âme l'orgueil, qui porte trop haut les honneurs, et le dédain, qui les méprise, à la libéralité la prodigalité, au courage l'audace, à la patience une insensibilité sauvage (2), à la justice la rigueur, à la religion la superstition, à la clémence la faiblesse de caractère, à la pudeur un instinct timoré, à l'art de discuter loué plus haut (3) celui de disputer et de chicaner (4) sur les mots, au talent oratoire que je viens de mentionner (5) un vain flux de paroles. Aux tendances vertueuses peut également paraître ressembler leur exagération même.

(1) Abstraction faite des rapports avec les autres.

(2) On pense ici à l'ἀπάθεια stoïcienne. — On remarquera que, en latin, *duritia* (« insensibilité ») n'implique pas un blâme.

(3) Voir § 78.

(4) Nous n'avons pu réussir à rendre l'allitération *concertatio-captatio*.

(5) Voir § 79.

animi, sic affecti et constituti ut sint singuli inter se proprio uirtutis genere dictincti; a quibus ut quaeque res gesta est, *ita sit honesta* necesse est summeque laudabilis.

80 Sunt autem alii quidam [ficti] animi habitus, ad uirtutem quasi praeculti et praeparati rectis studiis et artibus, ut in suis rebus studia l*itt*erarum, *ut numerorum* ac sonorum, ut mensurae, ut siderum, ut equorum, *ut* uenandi, ut armorum ; in communibus propensiora studia in aliquo genere uirtutis praecipue colendo aut diuinis rebus deseruiendo aut parentibus, amicis, hospitibus, praecipue atque insigniter diligendis.

Atque haec quidem uirtutum. Vitiorum autem sunt genera contraria. **81** Cernenda autem sunt diligenter ne fallant ea nos uitia quae uirtutem uidentur imitari. Nam et prudentiam malitia et temperantiam immanitas in uoluptatibus aspernandis et magnitudinem animi superbia in *n*imis extollendis et despicientia in contemnendis honoribus et liberalitem effusio et fortitudinem audacia imitatur et patientiam duritia *imm*anis et iustitiam acerbitas et religionem superstitio et lenitatem mollitia animi et uerecundiam timiditas et illam disputandi prudentiam concertatio captatioque uerborum *et* hanc oratoriam uim inanis quaedam profluentia loquendi. Studiis autem bonis similia uidentur ea, quae sunt in eodem genere nimia.

ita sit honesta *ERV*

80 ficti *secl. Lambin* || litterarum *ERV* : ac tum rarum *Pp* || ut numerorum *ERV* || ut *ERV*

81 Nimis *Orelli* : animis *codd.* || immanis *ERV*: ina– *Pp* || et *ERV*

82 Aussi, quand il s'agira de louer ou de blâmer, c'est exclusivement dans cette distinction des vertus et des vices que l'on puisera les développements les plus efficaces. Mais c'est dans tout ce que je pourrais appeler la trame du discours que l'on devra marquer de traits frappants les points suivants : naissance du personnage ; son éducation ; formation de son intelligence (1) et de son caractère ; choses importantes ou extraordinaires qui lui sont arrivées, surtout si l'on semble pouvoir y trouver une intervention des dieux. Puis on rapportera ses pensées, ses paroles, ses actions aux différentes espèces de vertus que nous avons distinguées (2), et, grâce à ces lieux où puisera l'invention, on recherchera les causes, les effets et les conséquences nécessaires des faits. La mort de ceux dont on louera la vie ne devra pas non plus être passée sous silence, s'il y a quelque chose de remarquable dans le genre même de la mort ou dans ce qui l'a suivie.

Genre délibératif.

XXIV **83** *F.* Je t'ai bien compris et tu m'as enseigné en peu de mots comment louer quelqu'un, et, en outre, comment diriger mes efforts pour mériter moi-même d'être loué. Voyons maintenant, pour continuer, la méthode et les règles à suivre lorsque l'on doit exprimer un avis (3).

P. Eh bien ! dans le genre délibératif, l'utilité est le but auquel on rapporte tout en donnant un conseil ou en exprimant un avis ; c'est au point que celui qui conseille ou déconseille quelque chose doit examiner avant tout ce qui est possible ou non, nécessaire ou non. En effet, si une chose ne peut être réalisée, quelque utile qu'elle soit, la délibération n'a pas lieu, et, si elle est nécessaire (est nécessaire ce qui est essentiel pour notre vie et notre liberté), il faut lui sacrifier toutes les considérations de gloire politique ou d'avantage.

(1) Par l'enseignement.
(2) Voir § 75 et suiv.
(3) C'est-à-dire dans le genre délibératif.

82 Quamobrem omnis uis laudandi et uituperandi ex his sumetur uirtutum uitiorumque partibus ; sed in toto quasi contextu orationis haec erunt illustranda maxime, quem ad modum quisque generatus, quem ad modum educatus, quem ad modum institutus moratusque fuerit, et si quid cui magnum aut incredibile acciderit maximeque si id diuinitus accidisse potuerit uideri ; tum quae quisque senserit, dixerit, gesserit ad ea quae proposita sunt uirtutum genera accommodabuntur, ex illisque inue*niend*i locis causae rerum et euentus et consequentia requirentur. Neque uero mors eorum quorum uita laudabitur silentio praeterir*i* debebit, si modo quid erit animaduertendum aut in ipso genere mortis aut in eis rebus quae post mortem erunt *consecutae.*

XXIV **83** *F.* Accepi ista didicique breuiter non solum quem ad modum laudarem alterum, sed etiam quem ad modum eniterer ut possem ipse iure laudari. Videamus igitur deinceps in sententia dicenda quam uiam et quae praecepta teneamus.

P. Est igitur in deliberando finis utilitas, ad quem referuntur omnia in consilio dando sententiaque dicenda, ut illa prima sint suasori aut dissuasori uidenda, quid aut possit fieri aut non possit et quid aut necesse sit aut non necesse. Nam et, si quid effici non potest, deliberatio tollitur, quamuis *sit* utile et, si quid necesse est (necesse autem id est, sine quo salui liberiue esse non possumus),

82 his *cet.* : iis *P* || inueniendi *ERV* : inuidendis *Pp* || praeteriri *ERV* : –re *Pp* || consecutae *ERV*
83 ista *cet.* : istuc *p* || Est *ERV* : si *Pp* || sit *ERV* : est *Pp*

84 Lorsqu'on cherche si une chose est possible, il faut considérer aussi avec quelle facilité elle est possible. En effet celles qui sont très difficiles doivent souvent être regardées comme irréalisables. Et quand nous porterons notre attention sur la nécessité, même si une chose ne paraît pas nécessaire, il faut néanmoins en envisager l'importance. En effet ce qui est très important est souvent regardé comme nécessaire.

85 Ce genre de causes consistant à conseiller et à déconseiller, celui qui conseille voit s'ouvrir devant lui une seule route : une chose est-elle utile et faisable, il faut la faire. Celui qui déconseille peut en suivre deux : si la chose n'est pas utile, il ne faut pas la faire ; si elle n'est pas faisable, il ne faut pas l'entreprendre. Celui qui persuade doit donc prouver les deux points (1) ; celui qui dissuade peut se contenter de ruiner l'un des deux.

86 Donc comme toute délibération roule sur ces deux points (2), parlons d'abord de l'utilité, qui se traite par la distinction des choses bonnes et mauvaises. Parmi les choses bonnes, les unes sont indispensables, comme la vie, la retenue (3), la liberté, comme les enfants, une épouse, des frères, les père et mère ; les autres ne sont pas indispensables. **87** Ces derniers biens sont recherchés soit pour eux-mêmes et leur valeur morale propre, soit pour un avantage quelconque. Pour leur valeur morale, ceux qui se rattachent aux vertus dont j'ai parlé plus haut (4) et qui sont louables par eux-mêmes ; pour un avantage quelconque, ceux des biens du corps ou de la fortune qui méritent d'être désirés, les uns ayant comme un lien avec ce qui est moralement beau, par exemple l'honneur et la gloire, d'au-

(1) Que la chose est possible et qu'elle est faisable.

(2) Ce qui est utile et ce qui est faisable.

(3) En mettant la retenue au nombre des choses bonnes indispensables, Cicéron semble bien, comme l'indique Piderit, avoir particulièrement pensé à son fils, plus porté au plaisir qu'à l'étude. Voir aussi l'avertissement discret du § 90.

(4) Voir § 76 sqq.

id est relicuis et honestatibus *in ciuili ratione* et commodis anteponendum.

84 Cum autem quaeritur quid fieri possit, uidendum etiam est quam facile possit. Nam quae perdifficilia sunt perinde habenda saepe sunt acsieffici nonp ossint, et *cum* de necessitate attendemus, etiamsi non necessarium aliquid uidebitur, uidendum tamen erit quam sit id magnum. Quod enim permagni interest pro necessario saepe habetur.

85 Ita*que* cum const*e*t genus hoc causarum ex suasione et dissuasione, suasori proponitur simplex ratio ; si et utile est et fieri potest, [si] fiat ; dissuasori duplex, una, si utile non est, ne fiat, altera, si fieri potest, ne suscipiatur. Sic suasori utrumque docendum est, dissuasori alterum infirma*re* sat*is* est.

86. Quare quoniam in his uersatur omne consilium duobus, de utilitate ante dicamus, quae in discernendis bonis malisque uersatur. Bonorum autem partim necessaria sunt, ut uita, pudicitia, libertas, ut liberi, coniuges, germani, parentes, partim non necessaria, [quorum alia sunt per se expetenda, ut ea quae sita sunt in officiis atque uirtutibus, alia, quod aliquid commodi efficiunt, ut opes ut copiae]. **87** *H*orum [autem] par*t*im, [quae] propter se [expetuntur partim] honestate *ipsa, partim commoditate aliqua expetuntur*; *honestate*, ea quae proficiscuntur ab his uirtutibus, de quibus paulo ante *est* dictum, quae sunt

in ciuili ratione *ERV*
84 cum *ERV*
85 Itaque *vulg.* : ita *Pp* || constet *ERV* : constat *Pp* || fiat *ERV* : si fiat *Pp* || infirmare *E* : infirma *Pp* infirmat *R* infirmarit *V* || satis *nos clausulae causa* : sat *codd.*
86 quorum– copiae *secl. Schuetz* || ut copiae *P* : copiae *p*
87 Horum partim propter se *Schuetz* : Eorum autem quae

tres n'en ayant aucun, par exemple la vigueur, la beauté, la santé, la noblesse,les richesses, les clients. XXV **88** Il y a encore un groupe qui alimente, pour ainsi dire (1), les biens de valeur morale : il comprend surtout les sentiments d'amitié, lesquels se divisent en sentiments de tendresse respectueuse et d'affection. Les devoirs que nous rendons aux dieux, à nos père et mère, à notre patrie, aux hommes distingués par leur sagesse ou leurs dignités, sont habituellement classés dans les sentiments de tendresse respectueuse. Les époux, les enfants, les frères et ceux qui sont liés par une étroite intimité, sont unis par des sentiments de tendresse respectueuse, sans doute, mais surtout d'affection. Comme les choses bonnes sont telles que je viens de les exposer, on voit sans peine ce qui s'y oppose.

89 Si nous pouvions toujours nous attacher aux choses les meilleures (2), comme d'ailleurs elles sont évidentes, nous n'aurions guère besoin de conseil. Mais les circonstances particulières (3), si puissantes, mettent souvent en conflit l'honnête et l'utile (4), et c'est cette opposition qui généralement donne lieu aux délibérations, parce que l'on veut éviter de sacrifier les choses avantageuses à des vues d'honnêteté ou les choses honnêtes à des vues d'utilité ; voici donc des préceptes pour résoudre cette difficulté.

90 Puisque notre discours doit être en rapport non seulement avec la vérité, mais aussi avec le sentiment de nos auditeurs, comprenons d'abord qu'il y a deux espèces d'hommes, l'une ignorante et grossière, qui préfère toujours l'utile à l'honnête, l'autre, éclairée et cultivée (5), qui met la dignité morale au-dessus de tout. Celle-ci place en

(1) A cause de l'emploi figuré de *materies*.

(2) Celles qui sont bonnes et droites en elles-mêmes et pour elles-mêmes.

(3) De temps par exemple.

(4) Cf. *De Oratore* II 335. Même opposition encore dans le *de Officiis* III 19.

(5) Ces deux termes s'opposent, par chiasme, à « ignorante et grossière ».

laudabilia ipsa per sese; commoditate autem aliqua, quae sunt in corporis aut in fortunae bonis expetenda. Quorum alia sunt quasi quadam *cum* honestate coniuncta, ut honos, ut gloria; *alia diuersa*, ut uires, ut forma, ualetudo, ut nobilitas, diuitiae, clientelae. XXV **88** Est etiam quaedam quasi materies subiecta honestati, quae maxime spectatur in amicitiis. Amicitiae autem caritate et amore cernuntur. Nam cum deorum, tum parentum patriaeque cultus eorumque hominum qui aut sapientia aut opibus excellunt ad caritatem referri solent. Coniuges autem et liberi et fratres et illi quos usus familiaritasque coniunxit, quamquam etia*m* caritate ipsa, tamen amore maxim*e* co*ntin*entur. In his igitur rebus cum bona sint facile est intellectu quae sint contraria.

89 Quodsi semper optima tenere possemus, haud sane, quoniam quidem ea perspicua sunt, consilio multum egeremus. Sed quia temporibus, quae uim habent maximam, persaepe euenit *ut* utilitas cum honestate certet earumque rerum contentio plerumque deliberationes efficit ne aut opportuna propter dignitatem aut honesta propter utilitatem relinquantur, ad hanc difficultatem explicandam praecepta referamus.

90 Et quoniam non ad ueritatem solum, sed etiam ad opiniones eorum qui audiunt, accommodanda est oratio, hoc primum intellegamus, hominum duo esse genera, alterum indoctum et agreste, quod anteferat semper utili-

propter se expetuntur partim *Pp* || ipsa– honestate *ERV* || est *ERV* || cum *ERV* || alia diuersa *ERV* || clientelae *cet.* : et c. *p*
88 sapientia *cet.* : –tiae *p* || maxime *ERV* : –meque *Pp* || continentur *ERV* : conentur *Pp*
89 ut *ERV*
90 intellegamus *P* : –ligamus *p*

première ligne la considération, l'honneur, la gloire, la bonne foi, la justice et toutes les vertus ; pour les autres, c'est l'intérêt, le profit et le bénéfice. La volupté même (1), le plus grand ennemi de la vertu et qui, par une imitation trompeuse, change d'aspect la nature du bien, est recherchée avec ardeur par les gens les plus grossiers, qui la font passer avant les choses honnêtes et même avant les choses nécessaires (2) ; donc, dans l'éloquence délibérative, lorsque c'est à des hommes de ce caractère que l'on donne un conseil, il faut bien souvent faire l'éloge de la volupté.

XXVI **91** Il faut aussi considérer combien les hommes fuient ce qui est mal plus qu'ils n'aspirent à ce qui est bien. Car ils recherchent les choses honnêtes moins qu'ils n'évitent les choses honteuses. En effet, qui a jamais recherché soit la considération, soit la gloire, soit la louange, soit l'honneur sous une forme quelconque, autant qu'il a fui l'ignominie, l'infamie, l'outrage, le déshonneur ? La douleur que nous ressentons de ces vices prouve bien que certains hommes, nés pour l'honnêteté, ont été corrompus par la mauvaise éducation et des idées perverses. Aussi, dans nos conseils et nos avis, proposons-nous bien de leur montrer comment nous pouvons atteindre ce qui est bien et éviter ce qui est mal. **92** Mais, devant des hommes ayant reçu une éducation libérale, nous insisterons sur la gloire, l'honnêteté et parlerons surtout des vertus propres à maintenir et à développer les bons rapports des hommes (3). Si au contraire, c'est devant des gens ignorants et simples que nous parlons, mettons en avant les profits, les avantages, les voluptés, les douleurs évitées ; ajoutons également la honte et l'ignominie en perspective. Personne en effet n'est assez grossier pour n'être pas vivement touché, sinon par les sentiments d'hon-

(1) Encore un conseil qui s'adresse plus particulièrement au jeune Cicéron.

(2) Cf. § 86.

(3) On trouvera la même idée exprimée dans le *de Oratore*, II, 346.

tatem honestati, alterum humanum et politum, quod rebus omnibus dignitatem anteponat. Itaque huic generi laus, honos, gloria, fides, iustitia omnisque uirtus, illis autem alteris quaestus, emolumentum, fructusque proponitur. Atque etiam uoluptas, quae maxime est inimica uirtuti bonique naturam fallaciter imitando adulterat, quam immanissimus quisque acerrime sequitur neque solum honestis rebus sed etiam necessariis anteponit, in suadendo, cum ei generi hominum consilium des, sane * saepe laudanda est.

XXVI **91** Et illud uidendum est, quanto magis homines mala fugiant quam sequantur bona. Nam neque honesta tam expetunt quam deuitant turpia. Quis enim honorem, quis gloriam, quis laudem, quis ullum decus tam umquam expetiuit, quam [ut] ignominiam, infamiam, contumeliam, dedecus fugi*t* ? Quarum rerum dolor est grauis *testis* genus hominum ad honestatem natum malo cultu prauisque opinionibus *esse* corruptum. Quare in cohortando atque suadendo propositum quidem nobis erit illud, ut doceamus qua re bona consequi malaque uitare possimus ; **92** sed apud homines bene institutos plurimum de laude et de honestate dicemus, maximeque ea genera uirtutum tractabimus, quae in communi hominum utilitate tuenda augendaque uersantur. Sin apud indoctos imperitosque dicemus, fructus, emolumenta, uoluptates uitationesque dolorum proferantur ; addan-

sane saepe *nos clausulae causa* : saepe sane *codd.*
91 quis gloriam, quis laudem *cet.* : quis laudem, quis gloriam *p* || quam *EV* : quam ut *Pp R* || fugit *ERV* : -giat *Pp* || testis *R* : est *Pp* est est *EV* || esse *add. vulg.*

neur, du moins par la crainte de la honte et du déshonneur.

93 Ce qui concerne l'utilité se tirera donc de ce que nous avons dit (1). Mais ce qui peut être réalisé, développement auquel se rattache la question de facilité et d'opportunité, doit être examiné surtout en partant des causes qui amènent chaque fait (2). Or il y a plusieurs genres de causes : les unes produisent des effets par elles-mêmes, les autres ne font que contribuer à l'effet. Aussi les premières peuvent-elles être appelées efficientes ; les autres appartiennent plutôt au groupe de celles sans lesquelles aucun effet ne peut être produit (3). **94** Parmi les causes efficientes, les unes agissent à elles seules et par elles seules, les autres prêtent leur concours à l'effet, auquel elles s'associent, pour ainsi parler. Celles-ci ont une efficacité variable (4), souvent ou plus grande ou moins grande. Il y a encore d'autres causes qu'on appelle efficientes, parce qu'elles contribuent au commencement de l'action ou à sa fin (5). Or, lorsque l'on cherche la meilleure solution (6), c'est par l'utilité ou par l'espoir d'une réalisation que l'on emporte l'assentiment des esprits.

XXVII **95** Nous avons parlé de l'utilité (7) ; parlons des possibilités de réalisation. Dans cette partie tout entière, il faut rechercher avec qui et contre qui l'on doit agir ; à quelle époque, à quel endroit, quels sont nos moyens en armes, en argent, en alliés et en tout ce qui concerne la réalisation jusque dans le détail. Ce n'est pas seulement ce que nous pouvons avoir à notre disposition que nous devons examiner, mais aussi ce qui peut nous être opposé.

(1) Voir § 85 sq.

(2) Nous n'avons pu rendre *effici* et *efficiant* par des formes du même verbe français.

(3) On ne peut rendre en français l'opposition de *cum* de *conficiens* et de *sine (his)*.

(4) Nous n'avons pu rendre l'allitération *uis uaria*.

(5) Leur efficacité détermine le point de départ de l'action ou se révèle lorsque l'action s'achève.

(6) Ce qui est l'objet du genre délibératif.

(7) Voir § 86 sqq.

tui etiam contumeliae atque ignominiae. Nemo est enim tam agrestis, quem non, si ipsa honestas minus, contumelia tamen et dedecus magnopere moueat.

93 Quare quid ad utilitatem spectet, ex his quae dicta sunt reperietur, quid autem possit *effici*, in quo etiam quam facile possit quamque expediat quaeri solet, maxime ex causis eis quae quemque rem efficiant, est uidendum. Causarum autem genera sunt plura. Nam sunt aliae, quae *ipsae conficiunt, aliae, quae* uim ad conficiendum aliquam afferunt. Itaque *illae* superiores conficientes uocentur ; hae relicuae ponantur in eo genere, ut sine his confici non possit. **94** Conficiens autem caus*a* alia est *ab*soluta et perfecta per se, alia ad aliquid adiuuans et efficiendi socia quaedam ; cuius uis generis uaria est et saepe aut maior aut minor. Sunt autem aliae causae, quae aut propter principium aut propter exitum conficientes uocantur. Cum autem quaeritur quid sit optimum factu, aut utilitas aut spes efficiendi ad assentiendum impellit animos.

XXVII **95** Et quoniam de utilitate iam diximus, de efficiendi ratione dicamus. *Quo toto genere* quibuscum et contra quos, *quo* tempore aut quo loco aut quibus facultatibus armorum, pecuniae, sociorum earumue rerum quae ad quamque rem efficiendum pertinent, possimus uti, requirendum est. Neque *solum* ea sunt, quae nobis

92 contumelia *P* : –liae *cet.*
93 effici *add. Lambin* || ipsae–quae *ERV* || uim *ERV* : uiam *Pp* || illae *ERV*
94 causa *ERV* : –sam *Pp* || absoluta *ERV* : soluta *Pp*
95 Quo toto genere *ER* Quo genere toto *V* || quo *ERV* || solum *ERV*

Et si la comparaison penche en notre faveur, non seulement il faudra persuader que ce que nous conseillons (1) est réalisable, mais nous arranger pour présenter notre projet comme facile, aisé, agréable. S'agit-il de dissuader, il faut saper les considérations d'utilité ou exagérer les difficultés de réalisation, et cela non pas suivant d'autres règles que pour persuader, mais en puisant dans les mêmes lieux.

96 Dans l'un et l'autre cas, pour agrandir les questions (2), l'orateur aura toujours une provision d'exemples, récents, pour qu'ils soient plus connus, ou anciens, pour qu'ils aient plus de poids. En outre, il se sera beaucoup exercé en ce genre, de manière à amener souvent l'auditeur à préférer l'utile et le nécessaire à l'honnête ou inversement. Pour émouvoir les esprits, s'il est nécessaire de les échauffer, on produira avec le plus de succès les avis qui porteront à satisfaire les passions, à assouvir la haine, à venger une injure. Faut-il les calmer, on appellera l'attention sur l'inconstance du sort, l'incertitude de l'avenir, le risque d'exposer sa fortune, si elle est prospère, et si elle ne l'est pas, de la perdre. Voilà des développements pour la péroraison. **97** L'exorde (3), quand on donne son avis, doit être court. En effet, ce n'est pas pour supplier, comme devant un juge, que se présente l'orateur, mais pour donner un conseil et ouvrir un avis. Aussi lui suffit-il d'exposer brièvement (4) dans quel esprit il parle, ce qu'il se propose, de quoi il va parler, et de solliciter l'attention pour une courte harangue. D'ailleurs tout le discours doit être simple et grave, plus travaillé pour le fond que dans la forme.

(1) Nous n'avons pu rendre le rapprochement *suademus-persuadendum*, ni traduire par le même adjectif français *procliuiora* et *procliuia*.

(2) Surtout dans la *peroratio;* v. § 52.

(3) Cf. § 13.

(4) Même conseil dans la *Rhétorique à Hérennius* II 28 et dans le *de Oratore* II 177.

suppetant, sed etiam illa, quae aduersentur uidenda. Et si ex contentione procliuiora erunt nostra, non solum effici posse quae suademus, *erit* persuadendum, sed curandum etiam ut illa facilia, procliuia, iucunda uideantur. Dissuadentibus autem aut utilitas labefactanda est aut efficiendi difficultates efferendae neque aliis ex praeceptis, sed iisdem ex suasionis locis.

96 Vterque uero ad augendum habeat exemplorum aut recentium, quo notiora sint, aut ueterum, quo plus auctoritatis habe*a*nt, copiam, maximeque sit in hoc genere meditatus, ut possit uel utilia ac necessaria saepe honestis uel haec illis anteferre. Ad commouendos autem animos maxime proficient, si incitandi erunt, huiusmodi sententiae, quae aut ad explendas cupiditates aut ad odium satiandum, aut ad ulciscendas iniurias pertinebunt ; sin autem reprimendi, de incerto statu fortunae dubiisque euentis rerum futurarum et retinendis suis fortunis, si erunt secundae, sin autem aduersae, de periculo, commo*n*endi. Atque hi quidem perorationis sunt loci.
97 Principia autem in sententiis dicendis breuia esse debent. Non enim supplex, ut ad iudicem, uenit orator, sed hortator atque a*u*ctor. Quare proponere qua mente dicat, quid uelit, quibus de rebus dicturus sit, debet hortarique ad se breuiter dicentem audiendum. Tota autem oratio simplex et grauis et sententiis debet ornatior esse quam u*erb*is.

erit *ERV*
96 habeant *ERV* : habent *Pp* || commonendi *ERF* : –uendi *Pp*
97 auctor *ERV* : ac– *Pp* || quam uerbis *ERV* : quamuis *Pp*

3°) *Genre judiciaire.* XXVIII **98** *F.* Je connais maintenant les lieux pour les genres laudatif et délibératif. J'attends ce qui convient devant les tribunaux, seul genre qu'il nous reste, je crois, à examiner.

P. C'est juste. Dans ce genre le but est l'équité ; on ne la considère pas toujours en elle-même, mais quelquefois par comparaison, comme quand on cherche l'accusateur le plus autorisé (1), ou qu'on demande l'envoi en possession d'un héritage, sans invoquer ni loi ni testament ; dans ces causes, on cherche ce qui est plus équitable ou le plus équitable et l'on puise toute l'argumentation dans les lieux de l'équité, dont nous parlerons plus loin (2).

99 Avant même d'aller devant les juges, il y a ordinairement un débat au sujet des juges, quand on examine si le demandeur possède une action, si l'action est prématurée ou prescrite, recevable en vertu de la loi invoquée, dans les termes employés. Lors même que ces moyens n'ont pas été concertés, tranchés, indiqués, avant que la cause ne soit soumise à un juge, devant le juge même ils ont souvent beaucoup de poids, par exemple si l'on dit : «Ta demande est exagérée ; ta demande est trop tardive ; tu n'avais pas qualité pour la faire, pour la faire contre moi, en vertu de cette loi, en ces termes, par cette procédure. » **100** Les causes de ce genre reposent sur le droit civil, lequel repose sur la législation ou sur la coutume qui régit les intérêts privés et publics ; la connaissance en est généralement négligée par les orateurs ; nous, elle nous semble indispensable pour parler (3). Aussi intenter une action, demander une formule (4) ou l'accepter, exciper de ce que l'action est contraire à l'équité, en peser le plus ou moins d'équité, autant de points qui, par leur nature, se discutent souvent devant le juge ; mais ils semblent devoir être traités avant ; et je

(1) C'est le cas qui a donné naissance à la *Divinatio in Caecilium.*

(2) Voir § 129 sqq.

(3) C'est une idée que Cicéron a développée aussi bien dans le *de Oratore* (I, 166 et suiv.), que dans l'*Orator* (120).

(4) Au sens juridique du mot.

XXVIII **98** *F.* Cognoui iam laudationis et suasionis locos. Nunc quae iudiciis accommodata sint exspecto, *id*que nobis genus restare unum puto.

P. Recte intellegis. Atque eius quidem generis finis est aequitas ; quae non simpliciter spectatur, sed ex comparatione nonnumquam, *ut cum de* uerissimo accusatore disputatur aut cum hereditatis sine lege a*ut* sine testa*mento* petitur possessio ; in quibus causis quid aequius atque aequissimum sit quaeritur ; quas ad causas faculta*s* petitur argumentationum ex his de quibus mox dicetur aequitatis locis.

99 Atque etiam ante iudicium de constituendo ipso iudicio solet esse contentio, cum aut sitne actio illi qui agit aut iamne sit aut n*um ia*m esse desierit aut illane lege, his*ne* uerbis sit actio quaeritur. Quae etiam si ante quam res in iudicium uenit aut concertata aut diiudicata aut confecta non sunt, tamen *in* ipsis iudiciis permagnum saepe habent pondus, cum ita dic*i*tur, plus petist*i* ; *se*ro petist*i* ; non fuit tua petitio ; non a me, non hac lege, non his uerbis, non hoc iudicio. **100** Quarum causarum genus est positum in iure ciuili, quod est in priuatarum ac publicarum rerum lege aut more positum ; cuius scientia, neglecta ab oratoribus plerisque, nobis ad dicendum necessaria uidetur. Quare de constituendis actionibus, *ca*piendis subeundisque iudiciis, de excipienda iniquitate

98 idque *ERV* : at- *Pp* ‖ ut cum de *ERV* : aut e *Pp* ‖ aut sine *ERV* : ac sine *Pp* ‖ testamento *ERV* : testimonio *Pp* ‖ facultas *ERV* : -tates *Pp* ‖ ex his *p* : ex eis *cet.*

99 num iam *ERV* : nimium *Pp* ‖ hisne *ERV* : his ut *Pp* ‖ in ipsis *ERV* : ipsis *Pp* ‖ dicitur *Manutius* : -cuntur *Pp* ‖ petisti sero petisti *ERV* : petistis pro petistis *Pp*

100 capiendis *V* : acci- *cet.*

les distingue uu peu des instances mêmes, parce qu'on les soulève à un autre moment, non parce qu'ils sont de nature différente. En effet, toutes les discussions qui portent sur le droit civil, sur ce qui est équitable et bon, rentrent dans la catégorie des causes qui roulent sur la question de qualité, dont nous allons parler (1) et qui reposent surtout sur l'équité et le droit.

XXIX **101** Donc, pour toutes les causes, il y a trois attitudes possibles, et il faut en adopter une, sinon plusieurs, comme ligne de résistance. Car il faut prendre une des positions suivantes : nier ce qu'on nous reproche; avouer le fait, mais nier qu'il ait la portée qu'on lui attribue ou qu'il soit ce que l'adversaire prétend; enfin, si l'on ne peut discuter sur le fait ou sur le nom à lui donner, nier que ce dont on nous accuse soit tel que le dit l'adversaire, ou alléguer pour notre défense que ce que nous avons fait est légitime ou excusable. **102** Ainsi la première position, ce qu'on pourrait appeler le premier conflit avec l'adversaire, doit se traiter par une conjecture, la seconde par la définition et l'étymologie, la troisième par l'examen de ce qui est équitable, vrai, conforme au droit et humainement pardonnable (2). Le défendeur doit toujours résister en prenant appui sur l'un de ces états nettement déterminés, c'est-à-dire nier, définir ou invoquer l'équité, mais de plus fonder sa défense sur un moyen rationnel ; le premier état a comme moyen de défense la négation même de l'accusation injuste et la contestation du fait, le second la prétention qu'il n'y a pas dans le fait ce que l'adversaire met dans le mot < dont il le qualifie >, le troisième l'assertion que l'équité permettait l'action, que l'on avoue, sans <d'ailleurs > discuter sa qualification. **103** Ensuite, à chacun de ces moyens, il faut que l'accusateur oppose quelque chose qui doit se trouver (3) dans l'ac-

(1) Voir § 129 sqq.
(2) Cf. particulièrement §§ 130 et 131.
(3) Cf. *Rhétorique à Hérennius*, I, 26.

action*is*, de comparanda aequitate, quod ea fere generis eius sunt ut, quamquam in ipsum iudicium saepe delabantur, tamen ante iudicium tractanda uidea*n*tur, paulum ea separo a iudiciis, tempore magis agendi quam dissimilitudine generis. Nam omnia quae de iure ciuili aut de aequo et bono disceptantur cadunt in eam formam in qua quale id sit ambigitur, de quo dicturi sumus, quae in aequitate et iure maxime consistit.

XXIX **101** In omnibus igitur causis tres sunt gradus, ex quibus unus aliqui*s* capiendus est, si pluris non queas, ad resistendum. *Nam aut ita consistendum* est ut id quo de agitur *factum neges*; aut, si factum fateare, neges eam uim habere atque id esse quod aduersarius criminetur; aut, si neque de *facto neque de* facti appellatione ambigi potest, id quod arguare neges tale esse quale ille dicat et rectum esse quod feceris concedendumue defendas.
102 Ita primus ille status et quasi conflictio cum aduersario coniectura quadam, secundus autem definitione atque informatione uerbi, tertius aequi et ueri et recti et humani ad ignoscendum disputatione tractandus est. Et quoniam semper is qui defendit non solum resistat oportet aliquo certo statu aut infitiando *aut definiendo* aut aequitate opponenda, sed etiam rationem subiciat recusationis suae, primus ille status rationem habet iniqui criminis ipsam negationem *infitiationem*que facti, secundus, quod *non* sit in re quod ab aduersario ponatur in

actionis *ERV* : – ne *Pp* ‖ uideantur *ERV* : - atur *Pp* ‖ dissimilitudine generis *clausula vitiosa.*

101 aliquis *ERV* : –qui *Pp* ‖ Nam — consistendum *ERV* ‖ factum neges *ERV* ‖ facto neque de *ERV* ‖ – ue *ERV* : ut *Pp*

102 aut definiendo *ERV* ‖ infitiationem, *ERV* ‖ non *ERV* ‖ rectum *P* : –te *p*

cusation, sans quoi le procès n'existerait pas. Aussi ce que l'on réplique dans ces conditions pourrait-il être appelé points essentiels du procès. A vrai dire ce que l'on apporte contre le moyen de défense ne contient pas plus l'essentiel de la cause que les moyens mêmes de défense. Néanmoins, pour plus de clarté, appelons moyens de défense ce que dit l'accusé pour se défendre et repousser l'accusation, moyen sans lequel il ne saurait y avoir de défense, et armature de l'accusation, ce que réplique celle-ci pour ébranler le moyen de défense et sans laquelle l'accusation ne pourrait subsister.

XXX **104** Le conflit et, si j'ose dire, la rencontre du moyen de défense et de l'armature de l'accusation mettent toujours en lumière une question, que je nommerai point à trancher ; on y cherche (1) ordinairement sur quoi doit porter le jugement et ce qui est à trancher. En effet dans la première confrontation entre les adversaires la question <qui se pose> est vague. Conjecture : Décius (2) a-t-il pris de l'argent ? Définition : Norbanus (3) a t-il attenté à la majesté <du peuple romain> ? Equité : Opimius a-t-il eu le droit de tuer Gracchus ? Ces questions, qui représentent la première confrontation entre l'accusation et la défense, sont générales, comme je le disais, et vagues. La confrontation du moyen de défense et de l'armature de l'accusation précise le point à trancher.

Dans l'état de conjecture, cette confrontation n'existe pas. Car personne, niant un fait, ne peut, ne doit ou n'a coutume de l'expliquer. Aussi, dans les causes de ce genre,

(1) Nous n'avons pu rendre le rapprochement du latin *quaerere-quaestio.*

(2) P. Décius, le tribun de 121, le préteur de 114, qui accusa d'illégalité le consul Opimius, après la mort de C. Gracchus. Opimius avait été préteur en 125 et consul en 121.

(3) C. Junius Norbanus, tribun de la plèbe en 95, avait accusé le consul Q. Servilius Caepio de haute trahison pour avoir pillé le temple d'Apollon à Tolosa en 106, et, en 105, amené la défaite de l'armée par les Cimbres. Le sénat soutenait Cépion. Norbanus excita une émeute et Cépion fut condamné à l'exil. En 104, le jeune Sulpicius accusa Norbanus, qui fut sauvé par une plaidoirie d'Antoine. Dans le *de Oratore* II, Cicéron revient souvent sur cette cause.

uerbo, tertius quod rectum *esse defendat quod sine ulla nominis controuersia* factum esse fateatur. **103** Deinde unicuique rationi opponendum est ab accusatore id quod, si non esset in accusatione, causa omnino esse non posset. Itaque ea quae sic referuntur [ut] continentia causarum uocentur, quam*quam* non ea magis, quae contra rationem defensionis afferuntur, quam ipsae defension*is* rationes continent causas. Sed distinguendi gratia rationem appellemus eam quae affertur a reo ad recusandum depellendi criminis causa, quae nisi esset, quod defenderet non haberet; firmamentum autem, quod contra ad labefactandam rationem refertur, si*ne* quo accusatio stare non potest.

XXX **104** Ex rationis autem et ex firmamenti conflictatione et quasi concursu quaestio quaedam exoritur, quam disceptationem uoco ; in qua quid ueniat in iudicium et de quo disceptetur quaeri solet. Nam prima aduersariorum contentio diffusam habet quaestionem, ut in coniectura, « Ceperitne pecunias Decius » ? in definitione, « Minueritne maiestatem Norbanus » ? in aequitate, « Iurene occiderit Opimius Gracchum » ? Haec, quae primam contentionem habent ex arguendo et resistendo, lata, ut dixi, et *dif*fusa sunt. Rationum et firmamentorum contentio adducit in angustum disceptationem.

Ea in coniectura nulla est. Nemo enim eius, quod negat factum, rationem potest aut debet aut solet reddere.

esse — controuersia *ERV*
103 rationi *ERV* : -ne *Pp* || continentia *ERV* : ut c. *Pp* || quamquam *ERV* : quam *Pp* || defensionis *ERV* : -nes et *Pp* || sine *ERV* : si *Pp*
104 diffusa *Lambin* : con- *Pp*

se confondent la première forme de la question et la dernière du point à trancher.

105 Mais prenons les autres causes, où l'on dit, par exemple : La majesté du peuple romain n'a pas été lésée <par Norbanus>, parce que sa conduite à l'égard de Cépion a été trop violente ; ce qui a provoqué ce mouvement, c'est le juste ressentiment du peuple et non le discours du tribun ; or la majesté, qui, en somme, n'est autre chose que la grandeur (1) du peuple romain et qui consiste à maintenir sa puissance légitime et ses droits, a été augmentée plutôt que diminuée (2). On répond : La majesté consiste dans la dignité de la puissance et du nom romain ; elle est lésée par celui qui, soulevant la multitude, provoque une sédition. On arrivera ainsi au point à trancher : lèse-t-on la majesté du peuple romain pour avoir fait, conformément à la volonté du peuple romain, mais par violence, une chose agréable <au peuple> et équitable ?

106 Passons aux causes où l'accusé soutient que son acte est juste ou qu'il faut l'excuser. Quand l'explication en a été fournie, Opimius disant, par exemple : « J'avais le droit d'agir ainsi, pour le salut de tous et l'intérêt de la république » ; et Décius répondant : « Même le plus criminel des citoyens, tu n'avais pas le droit de le tuer sans jugement », le point à trancher se présente ainsi : « A-t-il pu avec juste raison, dans l'intérêt de la république, tuer un citoyen qui bouleversait la cité, mais n'avait pas été condamné ? » Ainsi le point à trancher, tel qu'il se présente dans les causes de ce genre, où les circonstances de personnes et de temps sont précises, redevient indéterminé, lorsqu'on fait abstraction du temps et des personnes, et se ramène à la forme et à la méthode des cas généraux (3).

XXXI **107** Mais, au nombre des armatures les plus solides de l'accusation, il faut ranger également celles que four-

(1) En latin, *majestas* et *magnitudo* se rattachent à la même racine.

(2) Parce que Norbanus a obéi à la volonté du peuple.

(3) Voir § 4.

Itaque in his causis eadem et prima quaestio et disceptatio extrema est.

105 In illis autem, ubi ita dicitur « Non minuit maiestatem, quod egit de Caepione turbulentius ; populi enim dolor iustus non tribuni actio ; maiestas autem, quoniam est magnitudo quaedam populi Romani, in eius potestate ac iure retinendo, aucta potius est quam deminuta » et ubi ita refertur « Maiestas est in imperii atque in nominis populi Romani dignitate, quam minuit is qui per uim multitudinis rem ad seditionem uocauit », exsistet illa disceptatio « Minueritne maiestatem, qui uolu*n*tate populi Romani rem gratam et aequam per uim egerit ? »

106 In his autem causis, ubi aliquid recte factum aut concedendum esse defenditur, cum est facti subiecta ratio, sicut ab Opimio, « Iure feci, salutis omnium et conservandae reipublicae causa », relatumque ab Decio est « Ne sceleratissimum quidem ciuem, sine iudicio, iure ullo necare potuisti », oritur illa disceptatio « potueritne recte, salutis reipublicae causa, ciuem, euersorem ciuitatis, indemnatum necare ? » Ita disceptationes eae, quae in his controuersiis oriuntur, quae sunt certis personis et temporibus notatae, fiunt rursus infinitae, detractis personis *et* temporibus rursum ad consultationis formam rationemque reuocantur.

XXXI **107** Sed in grauissimis firmamentis etiam illa ponenda sunt, si quae ex scripto legis aut testamenti aut

105 Maiestas est in imperio atque in omni populi Romani dignitate *habet* QUINT. *7, 3, 35* || imperii *cet.* : –io *P* || uoluntate *ERV* : uolup– *Pp*
106 et *ERV*

nit le te xte d'une loi, d'un testament, les termes de la procéduremême, d'une stipulation ou d'un promesse solennelle. Il est vrai que ces moyens sont, eux aussi (1), sans application dans les causes qui se traitent par conjecture, car, lorsqu'un fait n'est pas reconnu, on ne peut confondre l'adversaire par un texte. Dans les questions de définition le texte n'intervient pas non plus et cela de par sa nature même : on doit bien y préciser la valeur exacte d'un mot d'un texte, chercher, par exemple, dans les testaments, ce qu'on entend par provisions (2), ou dans la loi prédiatoriale (3) ce qu'on entend par objets exceptés de la vente (4) ; mais c'est l'interprétation d'un mot et non la nature du texte qui est à l'origine du procès. **108** Mais un texte a-t-il plusieurs sens, à cause de l'ambiguïté d'un terme ou de plusieurs, et, par suite, permet-il au défendeur d'interpréter le texte à son avantage ou à son gré, ou, s'il n'y a pas ambiguïté, soit de montrer l'opposition entre les mots, d'une part, et, de l'autre, la volonté et la pensée de celui qui les a écrites, soit de se défendre au moyen d'un autre texte contraire sur la même question ? Alors le point à trancher naît de la discussion sur le texte. En cas d'ambiguïté, ce sera l'interprétation exacte ; en cas d'opposition entre les termes et l'intention, le parti que le juge doit adopter de préférence ; dans le cas de textes contradictoires, le texte que l'on doit reconnaître pour valable.

Comment traiter ces causes. **109** Lorsque le point à trancher est bien établi, l'orateur ne le quittera plus des yeux et concentrera sur lui tous les arguments fournis par les lieux de l'invention. C'en est assez pour qui voit ce que renferme chacun d'eux et possède bien ces

(1) Cf. § 104.

(2) Désigne-t-on par là seulement les provisions alimentaires et quelles ou d'autres encore ?

(3) Il s'agit d'une législation archaïque et comportant des rigueurs d'exécution particulières.

(4) L'origine de ces termes, dont le sens a pris une valeur générale, est ainsi expliquée par Festus, s. v. *ruta caesa* : ruta caesa dicuntur quae uenditor possessionis sui usus gratia concidit ruendoque extraxit.

uerborum ipsius iudicii aut alicuius stipulationis aut ca*utio*nis opponuntur defensioni contraria. A*t* ne hoc quidem genus in eis causis incurrit quae coniectura continentur. Quod enim factum negatur, id argui scripto non potest. Ne in definitionem quidem uenit genere scripti ipsius. Nam etiam si uerbum aliquod ex scripto definiendum est quam uim habeat, ut, cum ex testamentis quid sit penus aut cum ex lege pr*ae*di quaeritur quae sint ruta caesa, non scripti genus, sed uerbi interpretatio controuersiam parit. **108** Cum autem a*ut* plura significantur scripto, propter uerbi aut uerborum ambiguitatem, ut liceat ei qui contra dicat eo trahere significationem scripti qu*o* expediat ac uelit,aut, si ambigue scriptum non sit, uel a uerbis ad uoluntatem et sententiam scriptoris abducere, uel alio se eadem de re contrarie scripto defendere, tum disceptatio ex scrip*ti* contentione exsistit, ut in ambiguis disceptetur quid maxime significetur, in scripti sententiaeque contentione u*t*rum potius iudex sequatur, in contrariis scriptis utrum magis sit comprobandum.

109 Disceptatio autem cum est constituta, proposit*um* esse debet oratori quo omnes argumentationes, repetitae ex inueniendi locis, coniciantur. Quod quamquam satis est eiqui uidet quid in quoque loco lateat quique illos locos tamquam thesauros aliquos argumen-

107 cautionis *ERV* : catonis *Pp* || At *Wilkins* : ac *Pp* || praed *ERV* : pedi *Pp*
108 aut *ERV* : ad *Pp* || quo *ERV* : quod *Pp* || scripti *ERV* : -tio *Pp* || utrum *ERV* : uerum *Pp*
109 propositum *vulg.* : -ta *Pp*

lieux comme des trésors où l'on puise des arguments déterminés ; cependant nous dirons un mot de ce qui est propre aux causes précises (1).

XXXII **110** Dans la question conjecturale, l'attitude de l'accusé est de nier. Voici donc les deux points que l'accusateur doit envisager avant tout — par accusateur (2), j'entends tout demandeur ou plaignant ; en effet, même sans qu'il y ait accusation, ces mêmes genres de débats peuvent se rencontrer dans les causes civiles (3) ; — bref, il doit envisager avant tout deux choses, le motif et l'effet. J'appelle motif la raison d'agir, effet le résultat des motifs d'action.

Les différents genres de motifs, j'en ai traité un peu plus haut (4), à propos des lieux du genre délibératif. **111** En effet, les recommandations faites sur les conseils à donner touchant l'avenir (5), parce qu'elles semblaient devoir établir soit l'utilité (6), soit la possibilité, il faut s'y reporter lorsqu'on argumente sur un fait, parce qu'elles permettent de montrer qu'il a été utile à celui que nous accusons et qu'il lui a été possible de le faire. On conjecture l'utilité en disant que l'acte incriminé a été provoqué par l'espoir de conséquences heureuses ou la crainte de conséquences fâcheuses ; on fera d'autant plus d'impression que les arguments apportés à l'appui des deux thèses seront plus forts. **112** Interviennent aussi comme motifs de l'action les dispositions morales, colère toute fraîche, haine ancienne, désir de se venger, ressentiment d'une injustice, passion des honneurs, de la gloire, du pouvoir, de l'argent, crainte d'un danger, âme audacieuse, légère, cruelle, emportée, imprudente, folle, amoureuse, intelligence troublée < par une

(1) Les différents genres distingués dans les §§ 101 et suiv.

(2) Le terme *accusator* s'applique proprement aux affaires criminelles.

(3) Où il y a non pas un accusateur et un accusé, mais un demandeur et un défendeur.

(4) § 93 sqq.

(5) § 83 sqq.

(6) § 86 et suiv.

torum, notatos habet, tamen ea quae sunt certarum causarum propria tangemus.

XXXII **110** In coniectura igitur, cum est *in* infitiando reus, accusatori haec duo prima sunt (sed accusatorem pro omni actore et petitore appello ; possunt *enim* etiam sine accusatione in causis haec eadem controuersiarum genera uersari), sed haec duo sunt *ei* prima, causa et euentus. Causam appello rationem efficiendi, euentum, id quod *ex causis* est effectum.

Atque ipsa quidem partitio causarum paulo ante in suasionis locis distributa est. **111** Quae enim in consilio capiendo futuri temporis praecipiebantur, quam ob rem aut utilitatem uiderentur habitura aut efficiendi facultatem, eadem qui de facto argumentabitur colligere debebit quam ob rem et utilia illi quem arguet fuisse et ab eo effici potuisse demonstret. Vtilitatis coniectura mouetur, si illud quod arguitur aut spe bonorum aut malorum metu fecisse dic*i*tur, quod *eo* fit acrius, qu*o* illa in utroque genere maiora ponuntur. **112** Spectan*t* etiam ad causam facti motus animorum, si ira *re*cens, si odium uetus, si ulciscendi studium, si iniuriae dolor, si honoris, si gloriae, si imperi, si pecuniae cupiditas, si periculi, [si] timor, [si aes alienum, si angustiae rei familiaris], si audax, si leuis, si crudelis, si impotens, si incautus, si insipiens, si amans, si commota mente, si uinolentus, si cum spe efficiendi, si

110 in *ERV* || enim *et* ei *ERV* || ex causis *add.* ; *cf.* § 7.
111 dicitur *ERV* : dicatur *Pp* || eo *add. Stangl* || quo *ERV* : quod *Pp*
112 Spectant *Lambin* : -tantur *codd.* || ira recens *ERV* : irascens *Pp* || si *secl. ERV* || periculi *ERV* : —lum *Pp* || si aes — familiaris *secl. nos*

passion >, goût de la boisson ; <l'accusé avait> l'espoir de réussir, l'opinion qu'il échapperait au soupçon, ou, s'il était découvert, qu'il se justifierait, qu'il se soustrairait au procès ou le ferait reporter à une époque lointaine ; la peine entraînée par le jugement était moins grave que les suites de son acte n'étaient avantageuses, le plaisir du crime supérieur à la honte de la condamnation. **113** C'est en effet par ces considérations ou d'autres semblables que l'on corrobore les soupçons contre l'accusé, surtout quand on trouve en lui motif de vouloir et moyens d'exécuter (1). Vouloir ? On examine l'utilité : rechercher quelque avantage ou fuir quelque désavantage, si bien que (2) l'accusé semble avoir été déterminé par l'espérance, par la crainte, ou par un autre mouvement subit de l'âme, qui détermine à une mauvaise action plus vite encore que des vues d'utilité. Mais c'en est assez sur les motifs.

XXXIII **114** *F*. Je les possède bien, et je te prie de m'expliquer ce que sont ces effets, dont tu m'as dit (3) qu'ils sont produits par les causes.

P. J'entends par là des conséquences nécessaires (4) qui sont les lignes du passé et comme les traces laissées par l'action. Ce sont eux qui font le plus fortement naître les soupçons ; témoins pour ainsi dire muets des crimes, ils ont d'autant plus de poids que, par les motifs d'action, on semble pouvoir incriminer et accuser indifféremment tous ceux qui avaient quelque intérêt à l'action, tandis qu'eux ne retombent vraiment que sur l'accusé : tels sont une arme, la trace de pieds, du sang répandu, la découverte en la possession de l'accusé d'un objet qui semble avoir été enlevé ou arraché, des réponses contradictoires, des hésitations, un ton mal assuré, l'accusé rencontré avec un homme suspect, rencontré sur le lieu du crime, sa pâleur, un tremblement, un écrit, un cachet, un dépôt. En effet, ces indices,

(1) Cf. § 119.
(2) Cicéron résume tout le développement.
(3) § 110.
(4) Voir *de Oratore*, II 170 et *Topiques*, 53.

cum opinione celandi, aut, si patefactum esset, depellendi criminis uel perrumpendi pericul*i* uel in longinquum tempus di*f*ferendi ; aut si iudicii poena leuior quam facti praemium ; aut si facinoris uoluptas maior quam damnationis dolor. **113** His enim fere rebus facti suspicio confirmatur, cum et uolu*n*tatis in reo causae reperiuntur et facultat*es*. In uolu*n*tate aut*em* utilitas ex a*deptio*ne alicuius commodi *uitationeque incommodi* quaer*i*tur, ut aut spes aut metus impulisse uideatur aut aliquis repe*ntinus* animi motus, qui etiam citius in fraudem quam ratio utilitatis impellit. Quamobrem sint haec dicta de causis.

XXXIII **114** *F*. Teneo, et quaero *qu*i sint illi euentus quos ex causis effici dixisti.

P. Consequentia quaedam signa praeteriti et quasi impressa facti uestigia ; quae quidem uel maxime suspicionem mouent et quasi tacita sunt criminum testimonia atque hoc quidem grauiora quod causae communiter uidentur insimulare et arguere omnes posse quorum modo interfu*e*rit aliquid, haec proprie attingunt eos ipsos qui arguuntur, ut telum, ut uestigium, ut cruor, ut deprensum aliquid quod ablatumue ereptumue uideatur, ut responsum inconstanter, ut haesitatum, ut titubatum, ut cum aliquo uisus ex quo suscipio oriatur, ut eo ipso in loco uisus in quo facinus, ut pallor aut tremor aut scriptum aut obsignatum aut depositum quippiam. Haec enim

differendi *ERV* : de– *Pp*
113 uoluntatis *ERV* : uolup –*Pp* || facultates *Stroebel* : –tis *codd.* || uoluntate *ERV* : uolup–*Pp* || autem *ERV* : aut *Pp* || adeptione *ERV* : appetitis ne *Pp* || uitationeque incommodi *ERV* || quaeritur *ERV* : quaertur *Pp* || aliquis *P* : –qui *p* || repentinus *ERV* : reperitur *Pp*
114 qui *ERV* : si *Pp* || atque *p* : atqui *P* || interfuerit *ERV* : –fuit *Pp*

relatifs à l'époque même du crime, ou encore à celles qui l'ont précédée ou suivie, sont de nature à éveiller le soupçon. **115** S'ils n'existent pas, il n'en faut pas moins insister sur les motifs mêmes et les possibilités d'action, en ajoutant ce développement, commun à tous les procès, que l'accusé n'était pas assez dénué d'intelligence pour ne pas trouver le moyen de faire disparaître ou de dissimuler, les indices du crime, pour être simple au point de laisser prise à une accusation. On répond par un autre lieu commun, que l'audace s'allie à la témérité, non à la prudence. **116** Alors se place cet autre lieu, qui élargit (1) la question, à savoir qu'il ne faut pas attendre des aveux : c'est par des preuves qu'on établit la faute, et, ici encore (2), on ajoutera des exemples. Voilà pour les preuves matérielles.

XXXIV **117** Peut-on, en outre, produire des témoins ? On louera d'abord la valeur du témoignage en général, et l'on dira que l'accusé a pris ses précautions pour se dérober aux preuves matérielles, mais qu'il ne peut se garantir des témoins. Ensuite on fera l'éloge de chaque témoin en particulier ; on a indiqué plus haut (3) ce qui était digne d'éloge. On ajoutera qu'une preuve matérielle, même sûre, peut souvent induire en erreur et l'on a le droit de ne pas y croire ; mais un homme de bien, un homme sûr, un juge ne peut pas ne pas le croire, sans commettre une faute. Certains témoins sont-ils obscurs ou pauvres ? Il faudra dire que la confiance ne doit pas se mesurer aux circonstances fortuites et que les témoins les plus riches ne sont pas ceux qui, sur une affaire, sont le mieux informés. Si la question a été appliquée ou si l'on a réclamé qu'elle le fût, et que cela puisse servir la cause, il faut d'abord justifier l'utilité de la question (4) : on parlera de l'effet de la douleur, de l'opinion de nos ancêtres, qui, assurément, auraient complètement supprimé ce moyen probatoire, s'ils ne l'avaient approuvé, **118** des règles sui-

(1) Voir § 52 sqq.
(2) Cf. par exemple § 51.
(3) § 71 sqq.
(4) Opposer le § 51.

talia sunt, quae aut in re ipsa aut etiam ante quam factum est aut postea suspiciosum crimen efficiant. **115** Quæ si non erunt, tamen causis ipsis *et* efficiendi facultatibus niti oportebit, adiuncta illa disputatione communi, non fuisse illum tam amentem ut indicia facti aut effugere aut occultare non posset, ut ita apertus esset ut locum crimini relinqueret. Communis ille contra locus, audaciam temeritati non prudentiae esse coniunctam. **116** Sequitur ille autem locus ad augendum, *non* esse exspectandum *dum* fateatur, argumentis peccata conuinci, et hic etiam exempla ponentur. Atque haec quidem de argumentis.

XXXIV **117** Sin autem erit etiam testium facultas, primum genus ipsum erit laudandum, dicendumque, ne argumentis teneretur reus, ipsum sua cautione effecisse, testis effugere non posse ; deinde singuli laudentur (quae autem essent laudabilia, dictum est) ; deinde argumento etiam firmo, quia tamen saepe falsum est posse recte non credi, uiro bono et firmo sine uitio iudicis non posse non credi. Atque etiam, si obscuri *tes*tes erunt aut tenues, dicendum erit non esse ex fortuna fidem ponderandam aut eos esse cuius*que* rei locupletissimos testes, qui id quod agatur facillime scire possint. Sin quaestiones habitae aut postulatio ut habeantur causam adiuuabunt, confirmandum primum genus erit quaestionum ; dicendum de ui doloris, de opinione maio-

115 et *ERV* || posset *ERV* : possit *Pp*
116 non *ERV* || dum *ERV*
117 obscuri testes *ERV* : obscuritates *Pp* || cuiusque *ERV* : huius *Pp*

vies par les Athéniens, les Rhodiens, peuples très éclairés, qui cependant poussent la rigueur jusqu'à mettre à la question des hommes libres et des citoyens (1), des règles posées par nos concitoyens les plus prudents (2), qui, désapprouvant la question infligée aux esclaves contre leur maître, l'ont cependant admise dans une affaire d'inceste (3) et lors de la conjuration ourdie sous mon consulat (4). Il faut également tourner en ridicule le raisonnement par lequel on attaque habituellement la question et le traiter de tendancieux et de puéril. A cet endroit, il faut bien établir que la question a été appliquée soigneusement et sans partialité, et peser les réponses obtenues à la question, en les comparant aux preuves matérielles et conjecturales. Telles sont à peu près toutes les parties de l'accusation.

XXXV **119** La défense doit commencer par infirmer les motifs attribués à l'acte : ils n'existaient pas, pas avec cette importance, pas pour l'accusé seul ; il avait une voie plus commode pour atteindre le même but ; il n'avait ni ce caractère, ni ce genre de vie ; il n'avait pas de passions, ou pas d'aussi violentes. En ce qui concerne les possibilités d'exécution, pour les infirmer, on montrera que l'accusé n'avait ni les forces, ni la résolution, ni les ressources, ni les richesses nécessaires, ou que les circonstances n'étaient pas favorables, le lieu pas propice, ou qu'il y avait de nombreux témoins, et qu'il ne pouvait se fier à aucun d'eux, ou qu'il n'était pas assez simple pour entreprendre un acte qu'il ne pouvait cacher, ni assez dénué d'intelligence pour négliger les châtiments et les tribunaux. **120** Quant aux conséquences nécessaires,

(1) Il ne s'agit sans doute que des Rhodiens ou d'une époque toute récente ; car, au temps de Périclès ou de Démosthène, les Athéniens ne mettaient à la question que des esclaves, ceux de l'accusé ou de son adversaire.

(2) Peut-être Cicéron pense-il plus spécialement aux *jurisprudentes*

(3) Celle de Clodius.

(4) En vertu du senatusconsultum ultimum, elle fut appliquée aux esclaves des conjurés.

rum, qui rem totam, nisi probassent, certe repudiassent; **118** de institutis Atheniensium, Rhodiorum, doctissimorum hominum, apud quos etiam, id quod acerbissimum est, liberi ciuesque torquentur; de nostrorum etiam prudentissimorum honimum institutis, qui cum in dominos de seruis quaeri noluissent, tamen de incestu et de coniuratione, quae facta me consule est, quaerendum putauerunt. Irridenda etiam disputatio qua solent ut*i* *ad* infirmandas quaestiones et meditata puerilisque dicenda. Tum facienda fides diligenter esse et sine cupiditate quaes*i*tum, dictaque quaestionis argumentis et coniectura ponderanda. Atque haec accusationis fere membra sunt.

XXXV **119** Defensionis autem primum infirmatio causarum, aut non fuisse aut *non* tanta*s* aut non sibi soli aut commodius potuisse idem consequi, aut *non* iis se esse moribus, non ea uita, aut nullos animi motus aut non *t*am impotentes fuisse. Facultat*um* infirmatione autem utetur, si aut uires aut adiumenta aut copias aut opes a*f*uisse demonstrabit, aut alienum tempus aut locum non idoneum aut multos arbitros quorum credere*t* nemini, aut non s*e* tam a*p*ertum ut id susciperet quod occultare non posset, neque tam amentem ut poenas ac iudicia contemneret. **120** Consequentia autem diluet exponendo non esse illa certa indicia facti quae etiam

118 uti ad infirmandas *ERV* : ut in firmas *P* ut infirmandas *p* || quaesitum *ERV* : quaestum *Pp*

119 non tantas *ERV* : tanta *Pp* || non iis *ERV* : iis *Pp* || tam *ERV* : eam *Pp* || facultatum *ERV* : -tem *Pp* || afuisse *ERV* : aff- *Pp* || crederet *ERV* : crede *P* credere *p* || se *ERV* : sed *Pp* || apertum *ERV* : aut certum *Pp* || contemneret *P* : contep- *p*

on en détruira l'effet en exposant que ce ne sont pas des signes irréfutables de l'action et qu'ils pourraient se rencontrer même en l'absence de tout crime ; on s'arrêtera sur chacune d'elles et l'on soutiendra que les signes se rapportent exactement aux actions avouées par l'accusé, plutôt qu'à l'objet de l'accusation, ou qu'ils sont applicables à l'accusateur comme à l'accusé et qu'ils doivent militer en faveur d'un homme en danger plutôt que contre son salut. Quant aux témoignages et aux tortures considérées en général, et, le plus possible, dans le détail, on les combattra au moyen des lieux indiqués plus haut (1) pour la réfutation.

121 Dans ces causes (2), l'accusateur, par son exorde, devra se proposer de jeter le soupçon et d'exciter la haine ; il fera valoir le danger dont ce crime menace tout le monde ; il piquera les esprits pour éveiller leur attention. L'accusé, lui, mettra en avant des plaintes contre l'accusation forgée, les soupçons amassés, les artifices (3) de l'accusateur et aussi le danger qui menace tout le monde (4) ; il portera les esprits à la compassion et avec mesure se conciliera la bienveillance des juges. La narration de l'accusateur développera le fait pour ainsi dire point par point sous un jour défavorable ; il y disséminera les preuves matérielles et enveloppera d'obscurité ce que l'accusé pourrait dire pour sa défense. Le défenseur, lui, laissera de côté ou dans l'obscurité les preuves matérielles des soupçons ; il racontera les faits mêmes, leurs incidents et leurs circonstances. **122** En confirmant ses preuves et en infirmant celles de l'adversaire, l'accusateur devra souvent exciter les passions, l'accusé les calmer. L'un et l'autre s'y attacheront surtout dans la péroraison, le premier par l'énumération des preuves et

(1) Voir §§ 33 et 44.

(2) Conjecturales. Cicéron les examine maintenant en passant successivement en revue l'exorde, la narration, l'argumentation et la péroraison.

(3) Le latin reprend le mot *insidiae* que nous avons dû traduire plus haut par « crime ».

(4) Du fait de ces artifices.

nullo admisso consequi posse*nt* consistetqu*e* in singulis et *ea* aut eorum, quae ipse facta esse dicet, propria esse defendet potius quam criminis, aut sibi cum accusatore communia esse *et* pro periculo potius quam contra salutem ual*ere* debere, testiumque et quaestionum genus uniuersum, et, quod poterit, in singulis, *ex* reprensionis locis de quibus ante dictum est refelle*t*.

121 Harum causarum principia, suspiciosa *ad* acerbitatem, ab accusatore ponentur, denuntiabiturque commune insidiarum periculum excitabunturque animi, ut attendan*t*. A reo autem querel*a* conflati criminis collectarumque suspicionum et accusatoris insidiae et item commune periculum proferetur, animique ad misericordiam allicientur et modice beneuolenti*a* iudicum colligetur. Narratio autem accusatoris erit quasi membratim gesti negoti suspiciosa explicatio, sparsis omnibus argumentis, obscuratis defens*ionibus*. Defensori au*t* praeteritis au*t* obscuratis suspicionum argumentis, rerum ipsarum euentus erunt casusque narrandi. **122** In *con*firmandis autem nostris argumentationibus infirmandisque contrariis, saepe erunt accusatori motus animorum incitand*i*, reo mitigandi. Atque hoc *qu*idem utri*que* maxime in peroratione faciendum, alteri frequentatione argumentorum et coaceruatione uniuersa, alteri, si plane causam

120 possent *ERV* : posse *Pp* || consistetque in *ERV* : consistet quin *Pp* || ea *ERV* || et *add. Sauppe* || ualere *ERV* : ual *et trium litterarum spatium Pp* || ex *ERV* || refellet *ERV* : –letur *Pp*
121 ad *ERV* || attendant *ERV* : –tur *Pp* || querela *ERV* : –lae *Pp* || beneuolentia *ERV* : –ae *Pp* || defensionibus *ERV* : –soris *Pp* || aut *ERV* : autem *Pp*
122 confirmandis *ERV*: fir- *Pp* || incitandi *ERV* : –do *Pp* || quidem *ERV* : idem *Pp* || utrique *ERV* : utri *Pp*

leur récapitulation générale, le second, s'il n'a rien omis dans sa réfutation, par le résumé des moyens qui lui ont servi à détruire les chefs d'accusation, et, à la fin, par un mouvement pathétique.

Comment traiter la question de définition.

XXXVI **123** *F*. Je crois que, maintenant, je sais la façon de traiter une cause conjecturale. Passons donc à la définition (1).

P. Dans le genre que tu viens de citer, les mêmes règles sont valables pour l'accusateur et le défenseur. Celui des deux, en effet, qui, en définissant et en délimitant le sens du mot, sera le plus près du sentiment et de l'opinion du juge, celui des deux qui se sera le mieux et le plus rapproché de la valeur habituelle du vocable et de l'idée, d'ailleurs imprécise, que les auditeurs en auront dans l'esprit (2), celui-là est sûr de vaincre. **124**. Car ce n'est pas en produisant des preuves que l'on traite ce genre de causes, mais pour ainsi dire en développant et en fouillant le sens du mot. Par exemple, supposons un accusé ayant acheté son acquittement et de nouveau cité en justice. D'après l'accusateur, la prévarication s'étend à tout acte de corruption émanant de l'accusé et relatif au procès ; d'après le défenseur, non pas à tout acte de corruption, mais seulement à ceux où l'accusateur a été corrompu par l'accusé. Il y a donc là avant tout une question de mots, et la définition du défenseur a beau être la plus voisine de l'usage et de l'esprit de la langue, l'accusateur, lui, s'appuie sur les intentions de la loi ; **125** il dit en effet qu'on ne peut accepter que le législateur ait voulu tenir une procédure pour valable, quand elle a été entièrement corrompue, et l'annuler (3), si le seul accusateur a été corrompu; il s'appuie sur l'équité, sur l'utilité, comme si l'on devait faire une loi qui s'y conformât, et soutient que tout ce que renfermerait alors l'expression « procédures viciées par la cor-

(1) Cicéron en a déjà dit un mot au § 101.

(2) Cf. *Topiques*, § 31.

(3) Les expressions latines *ratum habere* et *rescindere* sont des termes juridiques.

redarguendo explicarit, enumeratione, ut quid*que di*luerit, et miseratione ad extremum.

XXXVI **123**. *F*. Scire mihi iam uideor quem ad modum coniectura tractanda *sit*. Nunc *de* definitione audiamus.

P. Communia dantur in isto genere accusatori defensorique praecepta. Vt*er* enim definiendo describendoque uerbo magis ad sensum iudicis opinionemque penetra*r*it et uter ad communem uerbi uim et ad eam praeceptionem, quam inchoatam habebunt in animis ei qui audient, magis et propius accesserit, is uincat necesse est. **124** Non enim argumentando tractatur hoc genus, sed tamquam explicando *excutiendo*que uerbo, ut si in reo, pecunia absoluto rursusque reuocato, praeuarica*tion*em accusator esse definiat omnem iudicii corruptelam ab reo, defensor autem non omnem, sed tantummodo accusatoris corruptelam ab reo, sit ergo haec contentio primum uerborum, in quo, etiamsi propius acced*a*t ad consuetudinem mentemque sermonis defensoris definitio, tamen accusator sententia legis nit*i*tur ; **125** negat enim probari oportere eos qui leges scripserint ratum habere iudicium, si totum corruptum sit, si unus accusator corruptus sit, [non] *uoluisse* rescindere ; *ni*titur *ae*quitate, utilitate, [et] quasi scribenda lex sic sit, qua*e*que tum com-

quidque diluerit *ERV* : quid ua- *Pp*

123 sit *ERV* : est *Pp* || de *ERV* || uter *ERV* : uterque *Pp* || penetrarit *ERV* :-bit *Pp* || uter *ERV*:uterque *Pp* || propius *cet.*:–prius *p*

124 explicando excutiendoque *ERV* : *inter* explicando *et* que, *spatium sex litterarum in P, trium in p* || praeuaricationem *ERV*, -torem *Pp* || accedat *ERV* : –dit *Pp* || nititur *ERV* : –tetur *Pp*

125 uoluisse *add. Reid* || nititur *ERV* : utitur *Pp* || quasi *ERV* ac q. *P* et q. *p* || quaeque *ERV* : quaque *Pp*

ruption » est compris dans ce seul mot de prévarication. **126** Le défenseur, lui, invoque l'usage de la langue et cherche la valeur véritable du mot soit dans les termes qui s'opposent, par exemple (1) dans l'expression accusateur de bonne foi, à laquelle s'oppose le nom de prévaricateur, soit dans les rapports de conséquence à cause (< le bulletin de vote portant > la lettre *P* (2) n'est-il pas ordinairement donné au juge contre l'accusateur seul ?), soit dans l'étymologie, le mot (3) désignant un homme qui semble avoir un pied dans chacun des deux camps opposés, à la façon d'un cagneux. Mais lui aussi doit avoir recours aux lieux de l'équité, à l'autorité des choses jugées, à la nécessité de mettre fin au danger qui menace l'accusé. Il est encore un précepte commun < à l'accusateur et à l'accusé > ; lorsque tous deux auront donné une définition aussi conforme que possible au sens ordinaire et à la valeur véritable du mot, qu'ils citent des interprétations analogues et les exemples de ceux qui ont parlé dans le même sens ; ils fortifieront ainsi leur définition et leur avis. **127** Pour ce genre de causes, l'accusateur a un autre lieu commun : on ne doit pas accorder à un homme qui avoue un fait la permission de se défendre par l'interprétation d'un mot. Le défenseur, lui, invoquera les considérations d'équité dont j'ai parlé (4), et se plaindra, ayant l'équité pour lui, qu'on le chicane, non sur le fait, mais sur l'interprétation forcée d'un mot ; à ce propos, il pourra passer en revue presque tous les lieux de l'invention (5) ; il invoquera, en effet, les cas analogues, les contraires, les rapports de conséquence à cause ; accusa-

(1) Parce que l'expression, expliquée par *actio bonae fidei*, est créée pour les besoins de la cause.

(2) Initiale de *praeuaricator*.

(3) Il y a une parenté, quoiqu'elle soit difficile à expliquer, entre *praeuaricator* et *uaricus*, lui-même dérivé de *uarus*. On a supposé qu'il est fait allusion au jeu de paume, l'un des joueurs laissant avec intention passer la balle au lieu de l'arrêter ou de la renvoyer. (D'après Bréal et Bailly, *Dictionnaire étymologique*.)

(4) Voir § préc.

(5) Voir § 7 sqq

plecteretur in iudiciis corruptis, ea uerbo uno praeuaricationis comprendisse dicitur. **126** Defensor autem testatur consuetudinem sermonis uerbique uim ex contrario repetit quasi *ex* uero accusatore, cui contrarium est nomen praeuaricatoris, *et* ex consequentibus, quod ea littera de accusatore soleat dari iudic*i*, et ex nomine ipso, quod significat eum qui in contrariis causis quasi uar*e* positus esse uideatur. Sed huic tamen ipsi confugiendum est ad aequitatis locos, *ad* rerum iudicatarum auctoritate*m*, ad finem aliquem periculi; communeque sit hoc praeceptum, *ut, cum uterque definierit* quam maxime potuerit ad communem sensum uimque uerbi, tum similibus exemplisque eorum qui ita locuti sint, suam de*fini*tionem sententiamque confirmet. **127** Atque accusator*i* in hoc genere causarum locus ille communis, minime esse concedendum ut is qui de re confiteatur uerbi se interpretatione defendat; defensor autem ad ea quae proposui aequitate nitatur, et ea cum secum faciat, non re sed deprauatione uerbi se urgeri queratur. Quo in genere percensere poterit plerosque inueniendi locos. Nam et similibus utetur et contrariis et consequentibus; quamquam uterque, tamen reus, nisi plane erit absurda causa, frequen*t*ius. **128** Amplificandi autem causa, quae aut cum degredientur a causa, dicere uolent, aut cum perorabunt, ea uel ad odium uel ad misericordiam uel

126 ex uero *ERV* : conuerso *Pp* || et *ERV* || iudici *ERV* : -cii *Pp* || uare *Gessner* : uarie *codd.* || ad *ERV* : de *Pp* || auctoritatem *ERV* : -te *Pp* || ut—definierit *ERV* || definitionem *ERV* : defensionem *Pp*
127 accusatori *ERV* : -tor *Pp* || frequentius *ERV* : -tioribus *Pp*
128 aut *ERV*

teur et accusé peuvent tous deux les employer, mais l'accusé plus abondamment, à moins que la cause ne soit complètement absurde. **128** Reste l'amplification, avec les développements qu'on voudra lui donner dans les digressions ou dans la péroraison ; elle excitera dans l'âme des juges la haine, la compassion ou quelque autre sentiment ; pour cela, on puisera aux sources que nous avons indiquées plus haut (1), si toutefois on en voit la nécessité dans l'importance des faits, dans l'impopularité jetée sur les parties en cause ou dans leur dignité.

Comment traiter la question de qualité.

XXXVII **129** *F*. Je comprends. Et lorsqu'on discute sur la qualité, que doit-on dire de part et d'autre ? Voilà ce que je voudrais maintenant savoir.

P. Dans ce genre de causes, l'accusé convient du fait qu'on lui reproche, mais, comme il soutient qu'il avait le droit d'agir ainsi, ce sont uniquement des moyens de droit qu'il faut développer. Le droit se divise en deux parties principales, droit naturel et lois ; chacun de ces genres, d'après son principe, se partage en droit divin et droit humain (2); celui-ci repose sur l'équité, l'autre sur la religion. **130** L'équité, d'après son principe, est double : tantôt elle s'appuie purement et simplement sur la vérité et la justice, et, selon l'expression consacrée (3), sur ce qui est équitable et bon ; tantôt elle consiste à rendre la pareille ; quand c'est un service, on la nomme reconnaissance, quand c'est une injure, vindicte. Tout cela est commun au droit naturel et aux lois ; mais les lois ont en propre ce qui est écrit, et ce qui, sans être écrit, est conservé dans le droit des gens ou la coutume des ancêtres. Les écrits sout, les uns d'ordre privé, les autres d'ordre public. Sont d'ordre public une loi, un sénatus-consulte, un traité ; d'ordre privé, un titre, une promesse, une convention, une stipulation. Quant au droit non écrit, il repose sur la coutume, sur les conventions et pour ainsi dire sur le consentement tacite des hommes. D'ailleurs et

(1) Voir § 52 sqq.
(2) Cette double subdivision du droit est encore employée par les canonistes.
(3) Expression proverbiale.

ad omni modo animos iudicum mouendos ex his quae sunt ante posita sumentur, si modo rerum magnitudo hominumue *aut* invidia aut dignitas postulabit.

XXXVII **129** *F.* Habeo ista ; nunc ea quae, cum quale sit quippiam disceptatur, quaeri ex utraque parte deceat, uelim audire.

P. Confitentur in isto genere qui arguuntur, se id fecisse ipsum in quo reprendantur ; sed, quoniam iure se fecisse dicunt, iuris est omnis ratio nobis explicanda. Quod diuiditur in duas primas partis, naturam atque *legem*, et utriusque generis uis in diuinum et humanum ius est distributa, quorum aequitatis est unum, alterum religionis. **130** Aequitatis autem uis est duplex, cuius altera derecta ueri et iusti et,ut dicitur, aequi et boni ratione defenditur, altera ad uicissitudinem referendae gratiae pertinet, quod in beneficio gratia, *in* iniuria *poe*nitio nominatur. Atque haec communia sunt naturae atque legis ; sed propria legis *et ea quae scripta sunt* et ea quae, sine litteris, aut gentium iure aut maiorum more retinentur. Scriptorum autem priuatum aliud est, publicum *aliud.* Publicum lex, senatusconsultum, foedus ; priuatum tabulae, pactum, conventum, stipulatio. Quae autem scripta non sunt,ea aut consuetudine aut conuentis hominum et quasi consensu obtinentur. Atque etiam hoc in primis, ut nostros mores legesque tueamur, quodammodo naturali iure *prae*scriptum est. **131** Et quoniam breuiter sunt aperti quasi fontes quidam aequitatis, medi-

129 legem *ERV* : *om. p, in P, quinque litterarum spatium*
130 in *ERV* || poenitio *Wilkins* : pu- *ERV* eo initio *Pp* || et-sunt *ERV* || aliud *ERV* || praescriptum *ERV* : scriptum *Pp*

avant toutes choses ce respect de nos coutumes et de nos lois nous semble dicté par une sorte de droit naturel. **131** Puisque je viens de t'indiquer brièvement certaines sources, si j'ose ainsi parler, de l'équité, il faudra, en vue de ce genre de causes, nous être préparés à ce que, dans nos discours, nous devons dire sur le droit naturel, sur les lois, sur la coutume des ancêtres, sur l'injustice à repousser ou l'injustice à venger (1), sur toutes les parties du droit. Si, par imprudence, par nécessité ou par hasard, l'accusé a commis un acte qu'on ne passerait pas à qui l'aurait commis de plein gré et volontairement, il faut demander l'indulgence qui fera absoudre le fait (2); pour cela on reprendra à peu près tous les lieux de l'équité.

Je t'ai exposé le plus brièvement que j'ai pu tous les genres de procès. Désires-tu quelque autre éclaircissement ?

Comment traiter les états légaux.

XXXVIII **132** *F.* Oui, sur le cas dont je vois qu'il n'a pas été traité ; lorsque la question en litige roule sur des textes.

P. Tu as raison. Après cela j'aurai entièrement tenu ma promesse. Quand il s'agit de termes ambigus, les mêmes préceptes valent pour les deux adversaires. L'un et l'autre, en effet, soutiendra que l'interprétation dont il part est conforme à la sagesse du rédacteur ; l'un et l'autre dira que le sens prêté par l'adversaire au texte ambigu est absurde, inutile, injuste, honteux ou même en contradiction avec tous les autres textes émanant, soit d'autres personnes, soit, surtout, si possible, de la personne même en question ; au contraire, ce qu'il soutient lui-même, idée et intention, n'importe quel homme sage et juste, s'il se trouvait en face d'une page blanche, l'écrirait, sauf à le faire plus clairement ; **133** de plus, le sens que, d'après lui, on peut tirer du texte n'a rien de captieux ni de dangereux, au lieu que, si l'on admettait celui de

(1) Nous avons dû employer deux mots français différents pour rendre le latin *iniuria.*

(2) C'est là une partie de ce que, dans le *de Inventione*, Cicéron appelle « cause empruntée » (*assumptiva*), parce que la défense, ne pouvant rien arguer du fait lui-même, s'appuie, pour le justifier, sur des considérations prises hors du sujet.

tata nobis ad hoc causarum genus esse debebunt ea quae dicenda erunt in orationibus de natura, *de* legibus, de more maiorum, de *pro*pulsanda iniuria, de ulciscenda, de omni parte iuris. Si imprudente*r* aut necessitate aut casu quippiam fecerit, quod non concederetur his, qui sua sponte et uolu*n*tate fecissent, ad eius facti deprecationem ignoscendi petenda uenia est, quae sumetur ex plerisque locis aequitatis.

Expositum est, ut potui breuissime, de omni controuersiarum genere, nisi praeterea tu quid requiris.

XXXVIII **132** *F.* Illud *e*quidem, quod iam unum restare uideo, quale sit, cum disceptatio uers*a*tur in scriptis.

P. Recte intellegis; eo enim exposito, munus promissi omne confecero. Sunt igitur ambigui duobus aduersariis praecepta communia. Vterque enim eam significationem qua *n*i*te*t*ur ipse dignam scriptoris prudentia esse defend*it* ; uterque id quod aduersarius ex ambigue scripto intellegendum esse dicet aut absurdum aut inutile aut iniquum aut turpe esse defendet aut etiam discrepare c*um* ceteris scriptis uel aliorum uel maxime, si poterit eiusdem ; quamque defendet ipse, eam rem et sententiam quemuis prudentem et iustum hominem, si integrum daretur, scrip*t*u*r*u*m fuisse, sed planius ; **133** eamque sententiam, quam significar*i* posse d*i*cet, nihil habere aut captionis, aut uitii ; contrariam autem si probarint, fore

131 de *ERV* || propulsanda *ERV* : pul– *Pp* || imprudenter *ERV* –tes *Pp* || uolunta te *ERV* : uolup *Pp*

132 equidem *ERV* : qui– *P* || uersatur *ER* : –setur *Pp V* || nitetur *R* : utetur *EV* uteretur *Pp* || defendet *ERV* : –dit *Pp* || cum *ERV* : quam a *Pp* || quamque *cet.* : quoque *p* || scripturum *ERV* : –torem *Pp*

133 significari *ERV* : –re *Pp* || dicet *ERV* : de– *Pp* ||

l'adversaire, il s'en suivrait beaucoup de conséquences dangereuses, absurdes, iniques, contradictoires.

Lorsque l'intention du rédacteur paraît contraire aux termes de la rédaction, celui qui s'appuie sur la rédaction, après avoir exposé l'affaire, devra lire le texte ; ensuite il presse l'adversaire, reprend ses questions, revient à la charge, demande <à la partie adverse> si elle récuse le texte ou au contraire si elle nie le fait. Puis il rappellera le juge à la valeur du texte. **134** Ayant ainsi fortement établi son opinion, il élargira la question par un éloge de la loi, et il stigmatisera l'audace d'un homme qui, ayant ouvertement agi contre la loi et l'avouant, se présente néanmoins et ose défendre son action. Ensuite il infirmera la partie de la défense où son adversaire soutient que la volonté et l'intention du rédacteur sont en contradiction avec la rédaction. Il est inadmissible que la pensée de celui qui a proposé une loi soit mieux expliquée que par la loi. Pourquoi cette rédaction, si sa pensée était autre ? Pourquoi l'adversaire laisse-t-il de côté une rédaction claire, pour en mettre en avant une autre qui n'a existé nulle part ? Pourquoi, contre des hommes qui ont beaucoup réfléchi en rédigeant, diriger une telle accusation de folie? Quel obstacle se serait opposé à ce que le rédacteur exceptât (1) du texte le cas que l'adversaire, par sa conduite, admet qu'il avait excepté ? **135** Il apportera des exemples où le même rédacteur, ou d'autres, à défaut, ont excepté ce qu'ils ont jugé qu'il fallait excepter. Il faut aussi chercher la raison, si l'on en peut trouver, pour laquelle le cas n'a pas été excepté. La loi, dira-t-on, aurait été injuste ou inutile, il y aurait des raisons pour lui obéir, d'autres pour la repousser ; enfin l'opinion de la partie adverse est en désaccord avec la loi. Ensuite, pour élargir l'idée, le thème de l'observation des lois, du

(1) L'*exceptio*, dans la procédure formulaire, est l'énonciation d'une condition qui, sans nier directement l'*intentio* de la formule, lui oppose un fait qui restreint le pouvoir de condamner du juge : ainsi, à une convention passée, on opposera, par l'*exceptio doli mali*, que le consentement d'une des parties a été vicié par le dol de l'autre. Le mot semble d'ailleurs avoir ici un sens plus général. (Lefas).

uti multa uitiosa, stulta, iniqua, contraria consequantur.

Cum autem aliud sensisse scriptor uidetur et aliud scripsisse, qui scripto nitetur, eum, re exposita, recitatione uti oportebit, deinde instare aduersario, iterare, renouare, interrogare num aut scriptum neget, aut contra factum infitietur. Post, iudicem ad uim scripti uocet.
134 Hac confirmatione usus, amplificet rem lege laudanda audaciamque confutet eius qui, cum palam contra fecerit idque fateatur, adsit tamen factumque defendat. Deinde infirmet defensionem, cum aduersarius aliud uoluisse ac sensisse scriptorem, aliud scripsisse dicat ; non esse ferendum a quoquam potius latoris sensum quam a lege explicari. Cur ita scripserit, si ita non senserit ? Cur, cum ea *quae* plane scripta sint neglexerit, quae nusquam scripta sint proferat ? Cur prudentissimos in scribendo uiros summae stultitiae putet esse damnandos ? Quid impedierit scriptorem quo minus exciperet illud, quod aduersarius, tamquam si exceptum esset, ita se dicit secutum ? 135 Vtetur exemplis eis quibus idem scriptor, aut, si id non poterit, quibus alii quod excipiendum putarint exceperint. Quaerenda etiam ratio est, si qua poterit inueniri, quare non sit exceptum ; aut iniqua lex aut inutilis futura dicetur aut alia causa obtemperandi, alia abrogandi; dissentire aduersarii uocem atque legis. Deinde amplificandi causa, de conseruandis legibus, de periculo rerum publicarum atque priuatarum

consequantur *ERV* : –quentur *Pp* || renouare *ERV* : nouare *Pp*
134 confutet *ERV* : –putet *Pp* || quae *ERV*
135 excipiendum *cet.* : –undum *p*

danger que courront les affaires publiques et privées, <si les lois ne sont pas observées>, devra être traité avec force et fougue à plusieurs reprises, mais surtout dans la péroraison.

XXXIX **136** Au contraire, celui qui, pour sa défense, s'appuiera sur le sens et l'intention de la loi, soutiendra que c'est dans le dessein et l'esprit du rédacteur, non dans les mots et la lettre que réside la valeur de la loi ; il louera le législateur de n'avoir prévu aucune exception, pour éviter de fournir un refuge à la faute, et pour que, suivant chaque espèce, le juge interprétât l'esprit de la loi. Ensuite on apportera des cas, où toute équité serait détruite, si l'on se réglait sur la lettre de la loi et non sur ses intentions. **137** Ensuite contre ce genre d'astuce et de chicane (1) on essaiera de soulever la colère du juge, en chargeant l'adversaire de griefs propres à jeter la défaveur sur lui. S'il y a une imprudence, qui révèle non pas une faute, mais un de ces actes imputables au hasard ou à la nécessité et dont nous avons parlé un peu plus haut (2), il faudra prier le juge de prononcer conformément aux mêmes considérations d'équité et contrairement à la rigueur des mots.

S'agit-il de textes contradictoires ? L'art de la rhétotique forme un tout si bien lié, et presque tous les précepres y sont si étroitement coordonnés que les règles exposées un peu plus haut (3) sur l'ambiguïté des termes et il y a un instant (4) sur l'esprit et la lettre s'appliquent encore à ce troisième genre de causes. **138** En effet, les développements qui, en cas d'ambiguïté des termes, nous servent à défendre le sens qui nous est favorable, doivent, en cas de lois contradictoires, être employés pour défendre celle sur laquelle nous nous appuyons. Ensuite il faut nous efforcer de défendre l'esprit d'un des textes et la lettre de l'autre : ainsi tous les préceptes que nous venons de donner (4) sur la lettre et l'esprit s'appliqueront ici exactement.

(1) La *calumnia* est le cas du plaideur de mauvaise foi.

(2) Voir § 131.

(3) § 132.

(4) § 136.

cum aliis locis tum in perorando maxime grauiter erit uehementerque dicendum.

XXXIX **136** Ille autem, qui se sententia legis uoluntateque defend*e*t in consilio atque in mente scriptoris, non in uerbis ac litteris uim legis positam esse defendet, quo*d*que nihil exceperit *in* leg*e* laudabi*t*, ne deuerticula peccatis darentur atque ut ex facto cuiusque iudex * legis mentem interpretaretur. Deinde erit utendum exemplis, in quibus omnis aequitas per*turb*etur, si uerbis legum ac non sententiis pareatur. **137** Deinde genus eiusmodi calliditatis et calumniae trahatur in odium iudicis cum quadam inuidiosa querela. Et si incidet imprudentiae causa, quae non ad delictum, sed ad casum necessitatemue pertineat, quod genus paulo ante attigimus, erit *i*isdem aequitatis sententiis contra acerbitatem uerborum deprecandum.

Sin scripta inter se dissentient, tanta series artis est et sic inter se sunt pleraque connexa et apta, ut, quae paulo *ante* praecepta dedimus ambigui quae*que* proxim*e* sententiae et scripti, eadem ad hoc genus causae tertium transferantur. **138** Nam quibus locis in ambiguo defendimus eam significationem quae nos adiuuat, eisdem *in* contrariis legibus nostra lex defendenda est. Deinde est efficiendum ut alterius scripti sententiam, alterius uerba defendamus. Ita quae mo*do de* script*o* senten-

136 defendet *EV* : –dit *Pp R* || defendet *ERV* - dit *Pp* || quod que *ERV* : quo– *Pp* || in lege *ERV* : intelligi *Pp* || laudabit *ERV* : –bis *Pp* || iudex legis *ERV* : l. i. *Pp* || perturbetur *ERV* : proprendetur *P* perpendetur *p*
137 iisdem *ERV* : his– *P* is– *p* || sic inter *cet.* : si inter *p* || ante *ERV* || quaeque *ERV* : quae *Pp* || proxime *ERV* : –mi *Pp*
138 quibus *cet.* : quibus in *p* || eam *cet.* : iam *p* || in *ERV* modo

Conclusion. XL **139** Je t'ai bien exposé toutes les divisions de l'art oratoire, telles du moins qu'elles sont nées au sein de l'école < philosophique> à laquelle j'appartiens, l'ancienne Académie (1); sans elle, on n'aurait pu ni les découvrir, ni les comprendre, ni les mettre en œuvre. En effet savoir simplement diviser le sujet, le définir, distinguer les diverses divisions d'une question douteuse, connaître les lieux des arguments, savoir faire un tout de l'argumentation même, voir les prémisses sur lesquelles il faut s'appuyer dans l'argumentation et les conséquences des prémisses posées, discerne et séparer le vrai et le faux, le vraisemblable et l'invraisemblable, relever les erreurs dans les prémisses ou leurs conséquences, savoir indifféremment traiter les questions sous une forme serrée, comme les philosophes nommés dialecticiens, ou, comme il convient à un orateur, les développer largement, tout cela s'acquiert par les exercices auxquels on se livre dans l'Académie et par l'art qu'on y apprend de discuter avec précision et de parler avec abondance.

140 Pour ce qui est bien ou mal, juste ou injuste, utile ou nuisible, vertueux ou honteux, comment l'orateur peut-il en parler avec facilité ou abondance sans la science des connaissances les plus relevées (2) ?

Aussi les préceptes que je t'ai donnés, mon cher Cicéron, doivent-ils te montrer pour ainsi dire les sources où tu puiseras. Si tu t'en approches en prenant pour guides soit les mêmes maîtres que moi (3), soit d'autres, tu acquerras une connaissance plus approfondie du sujet même que j'ai traité, et aussi d'autres notions bien plus importantes (4).

F. Je le ferai, mon père, et même avec une vive ardeur, et de tous les magnifiques bienfaits que je puis recevoir de toi je n'en attends pas de plus important < que ce conseil> .

(1) On y range les disciples de Platon et aussi ceux d'Aristote ; cf. *de Finibus* 5, 3, 7.
(2) La physique, et surtout l'éthique et la dialectique.
(3) Les philosophes de la Nouvelle-Académie.
(4) La philosophie étudiée pour elle-même.

tiaque praecepimus, eadem huc omnia transferemus.

XL **139** Expositae tibi omnis sunt oratoriae partitiones, quae quidem e media illa nostra Academia effloruerunt, neque sine ea aut inueniri aut intellegi aut tractari possent. Nam et partiri ipsum et definir*e* et a*mbig*ui partitiones diuidere et argumentorum locos nosse et argumentationem ipsam *co*ncludere et uidere quae sumenda in argumentando si*n*t quidque ex his quae sumpta s*u*nt efficiatur et uera a falsis, uerisimilia ab incredibilibus diiudicare et distinguere, et aut male sumpta aut male conclusa reprendere, et eadem uel anguste disserere, *ut* dialectici qui appellantur, uel, ut oratorem decet, *la*te expromere, illius exercitation*is* et subtiliter disputandi et copiose dicendi artis est.

140 De bonis uero rebus et malis, aequis, iniquis, utilibus, inutilibus, honestis, turpibus, quam potest habere orator sine illis maximarum rerum artibus facultatem aut copiam ?

Quare haec tibi sint, mi Cicero, quae exposui, quasi indicia fontium illorum ; ad quos si his eisdem ducibus aliisue perueneris, tum et haec ipsa melius et multo maiora alia cognosces.

F. Ego uero ac magno quidem studio, mi pater, multisque ex tuis praeclarissimis muneribus nullum maius exspecto.

descripto *ERV* : mo *octo litterarum spatium* scripta *P* moderate scripta *p*

139 tractari possent *clausula vitiosa* || definire *ERV* : –ri *Pp* || ambigui *E* : argui *Pp* arguere *R* || concludere *ERV* : in– *Pp* || sint *ERV* : sit *Pp* || quidque *cel.* : quo– *P* || sunt *ERV* : sciant *Pp* || ut dialectici *ERV* : et d. *Pp* || late *ERV* : ex te *Pp* || exercitationis *ERV* : –ne *Pp*

M. TVLLII CICERONIS PARTITIONES ORATORIAE EXPLICIVNT *Pp*

II

TOPIQUES

INTRODUCTION

Sujet. Tout comme dans les *Partitiones Oratoriæ*, Cicéron, dans les *Topiques*, « procède avec cette précision rigoureuse qui convient au genre didactique » (CAUSERET); il ne recule pas devant les expressions techniques et devant les termes grecs, particulièrement nombreux.

Mais, à la différence des *Partitiones*, les *Topiques*, du moins pour les quatre cinquièmes, portent sur une partie déterminée de l'art oratoire, la recherche des sources de développement, des « lieux » qui fournissent les arguments. Seule la dernière partie traite de questions plus générales et rejoint les *Partitiones*.

Plan. Voici, en effet, le plan systématique de l'ouvrage.

PRÉFACE (1-5).

CORPS DE L'OUVRAGE
(6-99)

I. Généralités sur la façon de trouver les arguments (6-24).

A. Les « lieux » (6-7).

B. Arguments inhérents au sujet et arguments extrinsèques (7-24).

1° Arguments inhérents au sujet (9-23).

2° Arguments extrinsèques ou témoignages (24).

II. Détails sur les lieux indiqués ci dessus (25-78).

A. Inhérents au sujet (26-71).

1° La définition. Ses genres (26-35).

a) Portant sur ce qui existe dans la réalité ou dans notre pensée (26-27).

b) Par énumération ou par analyse (28).

c) Méthode à suivre (29).

d) Précisions sur la définition par énumération ou par analyse (30-34).

2° L'étymologie (25-37).

3° Choses ayant quelque rapport au point en litige (38-45).

a) Mots de même famille (38-40).

b) Similitude (41-45).

4° Différence (46).

5° Contraires et leurs genres : opposés, privatifs, antinomies (47-49).

6° Notions voisines (50-52).

7° Conséquences, antécédents et choses contradictoires (53-57).

8° Causes. Différents genres (58-66).

9° Effets (67).

10° Comparaison. Différents genres (68-71).

11° Conclusion sur les arguments intrinsèques (71).

B. Lieux extrinsèques : le témoignage et ses variétés (72-78).

III. Les lieux à employer varient avec les questions à traiter (79). Deux grands genres de questions, générales et particulières (79-80).

A. Questions générales : théorie et pratique (81-82).

1° Les trois genres de questions de théorie (82) :

a) conjecture (82).

b) définition (83).

c) qualité (84-85).

2° Questions de pratique (86).

3° Lieux propres aux différentes questions (87) :

a) conjecturale (87).

b) définition (87-88).

c) qualité (89-90).

B. Cas particulier (90-91), envisagé dans les différents genres (judiciaire, délibératif, laudatif) et plus particulièrement dans les questions à propos d'un texte, qu'il s'agisse du discours entier (91-97) ou de ses parties (97-99).

CONCLUSION (99-100).

Le traité porte donc, avant tout, sur une question très spéciale et assez abstruse, dont Cicéron, lorsqu'il envoyait l'ouvrage à Trebatius (1) se demandait lui-même si elle ne lui offrirait pas de trop grandes difficultés.

Circonstances de la rédaction.

C'est, en effet, à l'intention du grand jurisconsulte, alors en Gaule avec César, que les *Topiques* ont été composés. Au cours du premier chapitre, Cicéron nous ra-

(1) *Fam.*, 7, 19.

conte lui même ce qui l'a déterminé à les entreprendre et dans quelles conditions il les a rédigés, en juillet 44, au cours de la traversée entre Vélie et Rhégium, « privé de toute espèce de livres, au milieu des embarras et de la fatigue d'un voyage par mer, au milieu des inquiétudes que devait lui inspirer la situation de Rome (1)... Ce ne fut pas même sa seule occupation ; car il écrivit aussi pendant cette traversée (2) une nouvelle préface pour son traité *de la Gloire* » (J. V. LE CLERC).

Convenons-en : la rapidité du travail apparaît dans le fond et dans la forme. Pour la composition (3), après que les « lieux » ont été énumérés rapidement au paragraphe 11, ils sont définis dans les §§ 12 à 24, et enfin plus longuement traités dans les §§ 25-78. D'autre part le nombre des exceptions irréductibles (4) aux lois des clausules métriques est beaucoup plus considérable qu'on ne s'y attendrait dans un ouvrage si court et à cette époque de la vie de Cicéron.

Sources. Etant donné les circonstances où l'ouvrage a été composé, l'on ne saurait soutenir, sans aller contre les faits, que Cicéron ait

(1) *Top.*, 5 et 62.
(2) *Att.*, 16, 6, 4.
(3) Cf. P. THIELSCHER, *Cicero Topik und Aristoteles*, Philologus 67, N. F. 21 (1908), p. 52 et suiv.
(4) 19 et 20 *manere nihil oportet* 21 *usufructum non amittet* 22 *suspendi non posset* 28 *fieri possunt* 29 *transferri possit* 33 *ullam praetermittas* 38 *pluendo creuisset* 50 *fieri possit* 63 *uoluntaria, quae consilio* 71 *et ei qui defendunt* 81 *alterum actionis* 87 *sumi possunt* 99 *mecum legere cum uoles.* — Les quatre premières s'expliquent sans doute comme expressions techniques ; au § 38, l'*o* final est peut-être compté comme bref et au § 63 le deuxième *i* comme consonne. Mais ces explications ne m'apparaissent pas comme absolument convaincantes.

transcrit purement et simplement un original grec quelconque. Il a puisé dans ses souvenirs, et ses souvenirs remontent à des Grecs (1), Aristote avant tout (2), avec mélange ou non d'autres éléments, stoïciens (3) ou peut être épicuriens (4).

Quel est celui des ouvrages d'Aristote qu'il a surtout reproduit? *Les Topiques*, naturellement. « A-t-il connu de même la *Rhétorique* ? Nous pouvons en douter et il est possible qu'il se soit contenté de l'ouvrage très différent du même auteur qu'il cite (5) avec beaucoup d'éloges, et dont le sujet était l'analyse et la critique des traités de rhétorique des auteurs précédents (συναγωγὴ τεχνῶν).» (Emile THOMAS.)

Part de Cicéron. Dans ce cadre grec, l'auteur a versé des exemples qu'il a tirés du droit romain, par attention pour Trebatius (6) et peut-être même pour les matières que Trebatius avait plus spécialement traitées (7). Il semble avoir imaginé lui-même certains de ces exemples; mais d'autres étaient classiques

(1) *Top.*, 24.
(2) *Top.*, 5 ; Fam. 7, 19.
(3) V. Index, *s. u.* dialectici *et* stoici.
(4) Cf. § 31.
(5) *De inv.*, 2, 2, 6 et *de Orat.*, 2, 38, 160.
(6) *Top.*, 32.
(7) Voir notes sur les §§ 22 et 23. — Comme les *Topiques* ne sauraient être comprises sans de nombreuses notes, et qu'il n'y a pas d'édition de cet ouvrage, nous avons dû renvoyer à la fin du volume un certain nombre d'explications. Pour ce qui concerne les questions de droit, je ne saurais assez dire tout ce que je dois à mon collègue et ami M. Lefas: il a bien voulu relire mon manuscrit au point de vue des questions de droit ; il l'a fait avec un dévouement dont je lui exprime toute ma gratitude et une compétence qui ajoute à la traduction un intérêt nouveau.

dans l'étude du droit et familiers à la société romaine, où la technique juridique était partie intégrante de l'éducation d'un citoyen riche.

D'ailleurs, tout en s'adressant à Trebatius, Cicéron avait en vue un public plus vaste (1). Aussi relève-t-on des comparaisons fréquentes entre les méthodes d'exposition ou de développement des jurisconsultes, des orateurs, des philosophes, voire des poètes (2). A côté de citations de juristes, on en trouve de poètes (3). Les préoccupations de langue qui ont dicté toute une partie de l'*Orator* (4) se retrouvent ici (5).

Succès de l'ouvrage. Aussi bien Cicéron ne s'abusait-il pas sur l'intérêt que pouvait offrir le traité. Quintilien y fait de nombreuses allusions. Marius Victorinus avait publié, sur certaines parties des *Topiques*, quatre volumes malheureusement perdus. Boèce, au VIe siècle, croyait utile d'écrire, sur les §§ 1-77, un commentaire qui n'est pas d'un médiocre secours pour résoudre les difficultés de texte. Enfin nous avons, de l'ouvrage, des manuscrits très nombreux.

Le texte. Ils se répartissent en deux groupes. Le premier, sur lequel on doit s'appuyer avant tout pour établir le texte, est constitué par l'Ottobonianus 1406, du Xe siècle (*O*); le Vitebergensis de 1432 (*f*) lui est apparenté. Du deuxième groupe les meil-

(1) *Top.*, 25, 51, 72.
(2) V. index, *s. u.* iuris consulti, oratores, philosophi, poetae.
(3) *Top.* 55 et 61.
(4) *Orator*, 149 sqq.
(5) *Top.*, 30, 35. 92.

leurs représentants sont trois manuscrits du xe siècle, deux Vossiani et un Marcianus. Les autres rendent peu de services. Nous avons pris pour base l'Ottobonianus et le Vitebergensis, mettant en italique tout ce qui s'en écarte : car nous n'avons pas laissé de côté le second groupe, qui fournit quelques bonnes leçons. Comme on s'en apercevra, nous n'avons pas négligé non plus le secours offert par les clausules métriques.

SIGLA (cf. p. 61-62)

a = **cod. Einsiedlensis 324, saec. x.**
A = *(A) (B) m* **consentientes.**
(A) = **cod. Vossianus 84, saec. x.**
(B) = **cod. Vossianus 86, saec. x.**
cet. = **omnes codices, excepto uno vel altero qui ante vel post notatur.**
codd. = *(A), O, V* **consentientes.**
d = **cod. Sangallensis 818, saec. xi.**
e = **cod. Erfurtensis, saec. xii.**
f = **cod. Vitebergensis, saec. xv (1432).**
m = **cod. Marcianus 257, saec. x.**
O = **cod. Ottobonianus 1406, saec. x.**
V = **cod. Vossianus 70, saec. x.**

LES TOPIQUES DE M. TULLIUS CICÉRON

ADRESSÉES A C. TRÉBATIUS.

Préface.

I 1 J'avais entrepris, C. Trébatius, d'écrire une œuvre plus considérable (1), et plus digne des ouvrages que j'ai publiés, en assez grand nombre, dans un court espace de temps (2) ; alors que j'étais au milieu de la carrière, ton désir m'a fait changer d'avis. En effet lorsque tu étais avec moi dans ma villa de Tusculum, et que dans la bibliothèque, chacun de son côté, selon son goût, parcourait les livres qu'il voulait, tu tombas sur les *Topiques* d'Aristote, sujet développé par lui en plusieurs livres (3). Frappé de ce titre, tu voulus savoir aussitôt le sujet de ces livres. **2** Je t'exposai qu'ils contenaient un enseignement théorique imaginé par Aristote pour trouver les arguments, et tel que, sans erreur possible, nous y réussissions par une voie méthodique. Alors, avec la discrétion que tu apportes en toutes choses, mais non sans me laisser voir ton vif désir, tu me demandas de t'enseigner ce qu'il y avait dans cet ouvrage. Moi, non pour m'épargner le travail, mais parce que je pensais que cela valait mieux pour toi, je te conseillai ou de les lire toi-même directement, ou de te faire expliquer toute la théorie < des topiques > par un rhéteur très docte que je t'indiquai. A ce que tu m'as raconté, tu as essayé

(1) On ne sait exactement de quel ouvrage Cicéron veut parler ici, peut-être d'une histoire de son temps.

(2) Le *de natura deorum*, le *de diuinatione*, le *de fato*, le *de amicitia*, le *de senectute*, enfin le *de gloria*, qu'il venait de faire paraître.

(3) En huit livres.

M. TVLLI CICERONIS

AD

C. TREBATIVM

TOPICA

I **1** Maiores nos res scribere ingressos, C. Trebati, et his libris, quos breui tempore satis multos edidimus, digniores, e cursu ipso reuocauit uoluntas tua. Cum enim mecum in Tusculano esses et in bibliotheca separatim uterque nostrum ad suum studium libellos quos uellet euolueret, incidisti in Aristotelis Topica quaedam, quae sunt ab illo pluribus libris explicata. Qua inscriptione commotus continuo a me eorum librorum sententiam requisisti. **2** Quam cum tibi exposuissem, disciplinam inueniendorum argumentorum, ut sine ullo errore ad e*a* ratione *et* uia perueniremus, ab Aristotele inuentam, libris illis contineri, uerecunde tu quidem, ut omnia, sed tamen ut facile cernerem te ardere studio, mecum ut tibi illam traderem egisti. Cum autem ego te non tam uitandi laboris mei causa quam quod id tua interesse arbitrarer,

M. TVLLI CICERONIS TOPICA *O* : MARCI TVLLII CICERONIS TOPICORVM LIBER *A*

2 ea *Klotz ex* Boethio : eam *Of* || ratione et uia *vulg. ex* Boethio || rationem uia *Of*

l'un et l'autre moyen. **3** Mais l'obscurité de l'ouvrage t'a rebuté et ce rhéteur, ce rhéteur habile t'a répondu, je crois, qu'il ne connaissait pas cette partie de l'œuvre d'Aristote. Je ne me suis pas trop étonné que ce philosophe ne fût pas connu du rhéteur, car, à peu d'exceptions près, il est ignoré même des philosophes ; ceux-ci sont d'autant moins excusables qu'ils auraient dû être séduits, non seulement par les idées mêmes que ce grand homme a exposées et trouvées, mais aussi par son style d'une abondance et même d'une douceur vraiment extraordinaires (1).

4 Dans ces conditions, après tes instances réitérées et malgré ta crainte de m'importuner (car je la voyais bien), je n'ai pu rester plus longtemps ton débiteur, pour ne pas sembler méconnaître les droits d'un interprète du droit. En effet, pour moi et pour les miens tu as si souvent écrit tant de choses (2) que, si je trouvais ta demande importune, je craignais de voir mon attitude taxée d'ingratitude ou d'orgueil. Mais, tant que nous avons été ensemble, j'ai été accablé d'affaires, tu peux en témoigner mieux que personne ; **5** quand je te quittai pour me rendre en Grèce, puisque ni la république, ni mes amis n'avaient recours à mes services, et que je ne pouvais garder une attitude honorable en restant au milieu des armées (3), même s'il m'était permis, de le faire sans danger, arrivé à Vélie (4) et voyant tes propriétés et ta famille (5), j'ai repensé à ma dette et n'ai pas voulu ne pas faire droit à ta réclamation, que tu n'exprimais même pas. Ce travail, comme je n'avais pas de livres avec moi, je l'ai

(1) « Les qualités que Cicéron loue ici chez Aristote ne nous frappent pas beaucoup ; mais nous n'avons que ses ouvrages les plus ésotériques, les moins littéraires. » (Pichon.)

(2) « Nous ne savons ce qu'indiquent au juste ces mots. Ils peuvent désigner des conseils, de simples consultations juridiques, tout autant que de véritables ouvrages dédiés par Trébatius à Cicéron ou à quelqu'un de sa famille. » (E Thomas.)

(3) Octave commençait alors (été 44) à lever des troupes en Italie. Antoine faisait remonter vers Rome les légions débarquées à Brindes (de retour d'Epire).

(4) Petit port sur la mer Tyrrhénienne.

(5) Elle se trouvait alors près de Vélie.

uel ut eos per te ipse legeres uel ut totam rationem a doctissimo quodam rhetore acciperes, hortatus essem, utrumque, ut ex te audiebam, es expertus. **3** Sed a libris te obscuritas reiecit. Rhetor autem ille magnus haec, ut opinor, Aristotelia se ignorare respondit. Quod quidem minime sum admiratus, eum philosophum rhetori non esse cognitum, qui ab ipsis philosophis, praeter admodum paucos, ignoretur, quibus eo minus ignoscendum est, quod non modo rebus iis, quae ab illo dictae et inuentae sunt, allici debuerunt, sed dicendi quoque incredibili quadam cum copia, tum etiam suauitate.

4 Non potui igitur tibi, saepius hoc roganti et tamen uerenti ne mihi grauis esses (facile enim id cernebam) debere diutius, ne ipsi iuris interpreti fieri uideretur iniuria. Etenim cum tu mihi meisque multa saepe *scrips*isses, ueritus sum ne, si ego grauarer, aut ingratum id aut superbum uideretur. Sed, dum fuimus una, tu optimus es testis quam fuerim occupatus ; **5** ut autem a te discessi, in Graeciam proficiscens, cum opera mea nec respublica nec amici uterentur nec honeste inter arma uersari possem, ne si tuto id quidem mihi liceret, ut ueni Veliam tuaque et tuos uidi, admonitus huius aeris alieni, nolui deesse ne tacitae quidem flagitationi tuae. Itaque haec, cum mecum libros non haberem, memoria repetita, in ipsa nauigatione conscripsi, tibique ex itinere misi, ut mea diligentia mandatorum tuorum, te quoque, etsi admonitore non eges, ad memoriam nostrarum rerum excitarem. Sed iam tempus est ad id, quod instituimus, accedere.

4 scripsisses *A* : cauisses *Of*

donc rédigé de mémoire pendant la traversée, et je te l'envoie avant d'avoir achevé mon voyage (1), pour que mon zèle à faire ce que tu m'avais demandé te pousse, de ton côté, encore qu'on n'ait pas besoin de t'y faire penser, à ne pas oublier ce qui me concerne. Mais il est temps d'en venir à mon sujet.

Généralités sur la façon de trouver les arguments. Les lieux.

II 6 Toute méthode exacte de discussion comporte deux parties, trouver <les arguments> et juger de leur valeur ; dans les deux cas, Aristote me semble vraiment avoir montré la voie. Les stoïciens se sont appliqués à la seconde partie. Ils ont en effet parcouru très exactement toutes les avenues du jugement, dans la science qu'ils appellent dialectique. Mais l'art de trouver <les arguments>, nommé topique, préférable dans la pratique et, dans l'ordre naturel, assurément le premier, ils l'ont complètement laissé de côté. 7 Pour nous, qui estimons l'une et l'autre très utile, et qui avons l'intention de traiter complètement de l'une et de l'autre, si nous en avons le loisir, nous commencerons par ce qui se présente en premier lieu.

Un objet bien dissimulé, lorsque le lieu où il est caché est indiqué et repéré, est facile à découvrir ; de même, lorsque nous voulons dépister des arguments, nous devons savoir les lieux où <on les trouve> ; c'est ainsi en effet qu'Aristote appelle comme qui dirait les magasins où l'on cherche les arguments. 8 La définition du lieu pourrait donc être : magasin des arguments, et celle de l'argument : moyen servant à convaincre d'une chose douteuse.

Arguments inhérents au sujet ou intrinsèques.

Mais, de ces lieux qui renferment les arguments, les uns sont inhérents au sujet même, les autres sont pris en dehors. Inhérents, ils se rapportent à l'ensemble, à une partie, à l'étymologie, à l'une des choses qui ont quelque

(1) Il le lui adresse de Rhégium, aussitôt débarqué.

II **6** Cum omnis ratio diligens disserendi duas habeat partis, unam inueniendi, alteram iudicandi, utriusque princeps, ut mihi quidem uidetur, Aristoteles fuit. Stoici autem in altera elaborauerunt. Iudicandi enim uias diligenter persecuti sunt, ea scientia quam διαλεκτικήν appellant. Inueniendi uero artem, quae τοπική dicitur, quae et ad usum potior erat et ordine naturae certe prior, totam reliquerunt. **7** Nos autem, quoniam in utraque summa utilitas est, et utramque, si erit otium, persequi cogitamus, ab ea, quae prior est, ordiemur.

Vt igitur earum rerum, quae absconditae sunt, demonstrato et notato loco, facilis inuentio est, sic, cum peruestigare argumentum aliquod uolumus, locos nosse debemus ; sic enim appellatae ab Aristotele sunt hae quasi sedes, e quibus argumenta promuntur. **8** Itaque licet definire locum esse argumenti sedem, argumentum autem, rationem quae rei dubiae faciat fidem.

Sed ex his locis in quibus argumenta inclusa sunt, alii in eo ipso de quo agitur haerent, alii adsumuntur extrinsecus. In ipso, tum ex toto, tum ex partibus eius, tum ex nota, tum ex eis rebus quae quodammodo adfectae sunt ad id de quo quaeritur. Extrinsecus autem ea ducuntur, quae absunt longeque disiuncta sunt.

9 Sed ad id totum de quo disseritur, tum definitio adhibetur, quae quasi inuolutum euoluit id de quo quaeritur ; eius argumenti talis est formula ; « Ius ciuile est aequitas constituta eis qui eiusdem ciuitatis sunt, ad res

6 partis *Of* : artes *A* || quae et *Of* : quaeque et *A*
9 quae *O* : qua *f om. A* || euoluit *O* : –uitur *f*

rapport à la question. Les lieux que l'on appelle pris en dehors sont étrangers au sujet et cherchés loin de lui.

9 Lorsqu'ils se rapportent à l'ensemble du sujet traité, on emploie une définition qui développe les voiles dont le point en question était pour ainsi dire enveloppé. Voici la formule (1) de cette argumentation : « Le droit civil, ce sont les règles d'équité qui permettent à ceux qui font partie de la même cité d'obtenir ce qui leur appartient. La connaisssance de ces règles d'équité est utile. Donc la science du droit civil est utile. »

10 L'énumération des parties se traite comme suit : « S'il n'a été affranchi ni par l'inscription <au nombre des citoyens> sur les registres du cens, ni par la vindicte (2) ni par testament, il n'est pas libre ; aucun de ces modes d'affranchissement n'a eu lieu ; donc il n'est pas libre. »

L'étymologie tire un argument de la valeur d'un mot. Exemple. « Puisque la loi (3) ordonne que le citoyen (4) qui intervient à l'action de la loi *(vindex)* pour défendre un inscrit dans l'une des classes du cens *(assiduus)* soit également un inscrit, elle ordonne par là même qu'il soit riche, s'il intervient pour un riche ; car, comme le dit Aelius, *assiduus* vient de *asse dando* (5). »

III **11** On tire aussi des arguments des choses qui ont quelque rapport au point en question. Dans ce genre on distingue plusieurs groupes : on les nomme apparentés, tirés du genre, de l'espèce, d'une similitude, d'une différence, des contraires, d'analogies, des antécédents, des conséquences, de notions contradictoires, des causes, des effets, de la comparaison avec des objets plus grands, égaux ou plus petits.

12 On appelle apparentés les arguments tirés de mots de même famille. Sont de même famille ceux qui, se rattachant à la même racine, ont des formes différentes, comme « sage, sagement, sagesse ». Cette parenté de mots, en grec συζυγία, fournit des arguments du type suivant : « Si un champ est un pâturage commun, on a le droit d'y envoyer des troupeaux pâturer en commun. »

(1) Ne pas oublier la valeur juridique du mot.
(2) (4) (5) Voir à la fin du volume.
(3) La loi des XII Tables.

suas obtinendas ; eius autem aequitatis utilis est cognitio ; utilis est ergo iuris ciuilis scientia ».

10 Tum partium enumeratio, quae tractatur hoc modo « Si neque censu nec uindicta nec testamento liber factus est, non est liber. Neque nulla est earum ; non est igitur liber. »

Tum notatio, cum ex uerbi ui argumentum aliquod elicitur, hoc modo « Cum lex assiduo uindicem assiduum esse iubeat, locupletem iubet locupleti »; is est enim assiduus, ut ait L. Aelius, appellatus ab *asse* dando.

III **11** Ducuntur etiam argumenta ex iis rebus, quae quodammodo adfectae sunt ad id de quo quaeritur. Sed hoc genus in pluris partis distributum est. Nam alia coniugata appellamus, alia ex genere, alia ex forma, alia ex similitudine, alia ex differentia, alia ex contrario, alia ex adiunctis, alia ex antecedentibus, alia ex consequentibus, alia ex repugnantibus, alia ex causis, alia ex effectis, alia ex comparatione maiorum aut parium aut minorum.

12 Coniugata dicuntur quae sunt ex uerbis generis eiusdem. Eiusdem autem generis uerba sunt, quae, orta ab uno, uarie commutantur, ut sapiens, sapienter, sapientia. Haec uerborum coniugatio graece συζυγία dicitur, ex qua huiusmodi est argumentum : « Si compascuus ager est, ius est compascere. »

13 A genere sic ducitur : « Quoniam argentum omne mulieri legatum est, non potest ea pecunia, quae nume-

10 est enim *O* : est *f* || L. Aelius *Of* : Laelius A || ab asse *Lambin cf.* GELL. *16, 10, 16* : ab aere *Of*
11 forma *Of* : –mula *A* || adiunctis *O* : con– *Af*

13 Argument tiré du genre : « Tout ce qui est argent a été légué à la femme ; donc l'argent comptant trouvé dans la maison n'a pas pu ne pas lui être légué ; en effet, l'espèce ne se sépare jamais du genre, tant qu'elle conserve le même nom, L'argent comptant conserve le nom d'argent ; par suite il semble bien avoir été légué. »

14 Argument tiré de l'espèce du genre, ou de la partie, comme l'on peut dire quelquefois, pour plus de clarté. Exemple : « Si une somme est léguée à Fabia par son mari sous condition que, par rapport à son mari, elle ait le titre de *materfamilias*, et que la femme n'ait pas été constituée en la puissance légale *(manus)* de son mari (1), rien ne lui est dû. Le genre, en effet, est épouse légitime. On en distingue deux sortes : l'une, celle des mères de famille ; l'autre celle des simples épouses légitimes. Fabia rentrant dans le second groupe, c'est comme si aucun legs ne lui avait été fait. »

15 Argument tiré d'une similitude. Exemple : « Si un édifice, dont l'usufruit a été légué, s'écroule ou se détériore, l'héritier (2) n'est pas tenu de le reconstruire ou de le réparer, pas plus qu'il ne le serait de remplacer l'esclave dont l'usufruit a été légué et qui viendrait à périr. »

16 Argument tiré d'une différence : « Si un mari a légué à sa femme tout l'argent qui lui appartenait, il ne s'ensuit pas qu'il lui ait légué ses créances. Il y a en effet une grande différence entre l'argent en caisse et celui qui figure sur les livres de compte. »

17 Argument tiré de contraires. Exemple. « La femme à qui son mari a légué l'usufruit de ses biens et a légué des caves pleines de vin et d'huile, ne doit pas se comporter comme si cela lui appartenait. C'est en effet le droit d'user et non celui de disposer (3) qui lui a été légué. »

IV **18** Argument tiré de l'analogie. « Si une femme a fait un testament, sans avoir jamais vu son état juridique diminué (4), il n'y a pas lieu, d'après l'édit du préteur, d'accorder un envoi en possession en vertu de cette pièce.

(1) (2) (4) Voir à la fin du volume.

(3) Nous n'avons pu rendre, dans la traduction, l'opposition *usus-abusus*.

rata domi relicta est, non esse legata ; forma enim a genere, quoad suum nomen retinet, numquam seiungitur; numerata autem pecunia nomen argenti retinet ; legata igitur uidetur. »

14 A forma generis, quam interdum, quo planius accipiatur, partem licet nominare, hoc modo : « Si ita Fabia, pecunia legata est a uiro, si ei uiro materfamilias essete si ea in manum uiri non conuenerat, nihil debetur. Genus enim est uxor ; eius duae formae, una matrumfamilias, [eae sunt quae in manum conuenerunt], altera earum, quae tantummodo uxores habentur. Qua in parte cum fuerit Fabia, legatum ei non uidetur.

15 A similitudine, hoc modo : « Si aedes eae corruerunt uitiumue faciunt, quarum usus fructus legatus est, heres restituere non debet nec reficere, non magis quam seruum restituere, si is cuius usus fructus legatus est deperisset. »

16 A differentia : « Non, si uxori uir legauit argentum omne quod suum esset, idcirco quae in nominibus fuerunt legata sunt. Multum enim differt in arcane positum sit argentum an in tabulis [debeatur]. »

17 Ex contrario autem sic : « Non debet ea mulier, cui uir bonorum suorum usum fructum legauit, cellis uinariis et oleariis plenis relictis, putare id ad se pertinere. Vsus enim, non abusus, legatus est. [Ea sunt inter se contraria.] »

14 eae— conuenerunt *secl. Nizolius* || legatum ei V : legatum *Of*
16 debeatur *secl. Hotman*
17 Ea sunt — contraria *secl. Hammer*

Autrement, en effet, l'analogie conduirait à décider que, pour des testaments d'esclaves, d'exilés, d'enfants, l'envoi en possession devrait être possible aux termes de l'édit. »

19 Arguments tirés des antécédents, des conséquences, des notions contradictoires. Des antécédents : « Si c'est par la faute du mari que le divorce a eu lieu, encore que ce soit la femme qui ait envoyé le message <de répudiation> (1), il ne doit rien être retenu de la dot pour l'entretien des enfants. » **20** Des conséquences. « Si une femme, unie à un homme avec lequel elle ne pouvait contracter un mariage légitime, a envoyé le message de répudiation, comme les enfants de cette union ne sont pas rattachés à leur père (2), rien ne doit être retenu de la dot <par ce dernier> pour l'entretien des enfants ». **21** Des notions contradictoires : « Si le chef de famille a légué à sa femme l'usufruit des femmes esclaves, à la charge de son fils, mais non à celle de l'héritier institué en seconde ligne, si le fils meurt, la femme ne perdra pas l'usufruit. En effet on ne peut enlever malgré lui, à quelqu'un, ce qui lui a été une bonne fois donné par testament. Car il est contradictoire qu'on ait eu le droit de recevoir, et que l'on doive rendre malgré soi. »

22 Argument tiré des causes efficientes. Exemple : « Tout le monde a le droit d'appuyer un mur perpendiculairement à un mur mitoyen, soit plein, soit voûté. Mais si, en cas de démolition du mur mitoyen, l'on a fourni caution pour le dommage éventuel (3), on ne devra pas réparation du dommage provenant du fait de la voûte. » Ce n'est pas, en effet, par le fait de celui qui démolit que le dommage s'est produit, mais par le fait de la construction, élevée de telle sorte qu'elle ne peut rester sans être étayée.

(1) L'époux qui veut renoncer à la vie commune signifie sa volonté à l'autre époux par l'envoi d'un messager *(nuntius)*, qui était un affranchi porteur du message de répudiation.

(2) En l'absence de mariage légitime, les enfants sont rattachés à leur mère.

(3) Nous savons que, dans ses ouvrages, Trébatius avait traité du *damnum infectum*.

IV **18** Ab adiunctis : « Si ea mulier testamentum fecit, quae se capite numquam deminuit, non uidetur ex edicto praetoris secundum eas tabulas possessio dari. » Adiungitur enim, ut secundum seruorum, secundum exsulum, secundum puerulorum tabulas possessio uideatur ex edicto dari.

19 Ab antecedentibus autem et consequentibus et repugnantibus, hoc modo. Ab antecedentibus : « Si uiri culpa factum est diuortium, etsi mulier nuntium remisit, tamen pro liberis manere nihil oportet. » **20** A consequentibus : « Si mulier, cum fuisset nupta cum eo quicum conubium non esset, nuntium remisit, quoniam qui nati sunt patrem non sequuntur, pro liberis manere nihil oportet. » **21** A repugnantibus : « Si paterfamilias uxori ancillarum usum fructum legauit a filio neque a secundo herede legauit, mortuo filio mulier usumfructum non amittet. Quod enim semel testamento alicui datum est, id ab eo inuito, cui datum est, auferri non potest. » Repugnat enim recte accipere et inuitum reddere.

22 Ab efficientibus causis, hoc modo : « Omnibus est ius parietem directum ad parietem communem adiungere uel solidum uel fornicatum. At si quis in pariete communi demoliendo damni infecti promiserit, non debebit praestare quod fornix uitii fecerit. » Non enim eius uitio qui demolitus est damnum factum est, sed eius operis uitio, quod ita aedificatum est ut suspendi non posset.

17 Adiungitur *Of* : –geretur *A*
19 et **20** manere nihil oportet *clausula vitiosa*
21 Repugnat *O* : pugnat *Af*
22 suspendi non posset *clausula vitiosa* || posset *O* : possit *Af*

23 Argument tiré des effets. Exemple. « Quand une femme tombe sous la puissance légale de son mari, tout ce qui appartenait à la femme devient la propriété du mari à titre de dot. »

La comparaison fournit des arguments qui ont tous de la valeur, s'ils revêtent une des formes suivantes. Qui prouve le plus prouve le moins. « Si les fonds urbains ne comportent pas d'action en bornage, à plus forte raison ne comportent-ils pas l'action pour détourner les eaux pluviales (1) ». Inversement qui prouve le moins prouve le plus. On n'a qu'à renverser l'exemple précédent. De même, ce qui est prouvé pour une chose le demeure pour une autre chose identique. Ainsi, pour les fonds de terre, le délai requis pour en acquérir la propriété par suite de l'usage est de deux ans ; il en sera de même pour les maisons. Mais la loi (2), objecte-t-on, ne nomme pas expressément les maisons ; elles sont donc comprises dans la catégorie des biens dont la propriété s'acquiert par un an. <Non> ,l'équité doit l'emporter, et elle veut qu'à des cas identiques, on applique des principes juridiques identiques.

24 Les arguments pris en dehors de la cause valent surtout par leur garant. Aussi les Grecs les appellent-ils ἄτεχνοι, c'est-à-dire sans art (3). Tel serait, par exemple, le cas de la réponse (4) suivante : « P. Scévola (5) a dit que l'on doit réserver le titre de pourtour (6) d'une maison juste à l'espace couvert par la projection, sur le toit du mur mitoyen, de l'eau qui tombe du toit de l'édifice protégeant ce mur mitoyen. Tu dois considérer cet avis comme disant le droit. »

Détails sur les lieux indiqués ci-dessus.

25 Ces lieux que je viens de t'exposer et qui servent à trouver tous les arguments, sont comme des lettres dont je t'ai donné la signification et la valeur. Est-ce suffisant ? Oui, je pense, pour un homme pénétrant et occupé

(1) (4)(5) (6) Voir à la fin du volume.
(2) La loi des XII Tables.
(3) Entendez: qui n'exigent de l'orateur aucun art.

23 Ab effectis rebus, hoc modo : « Cum mulier uiro in manum conuenit, omnia quae mulieris fuerunt viri fiunt dotis nomine. »

Ex comparatione autem omnia ualent, quae sunt eiusmodi. Quod in re maiore ualet, ualeat in minore, ut, « Si in urbe fines non reguntur, nec aqua in urbe arceatur. » Item contra, quod in *re* minore ualet, ualeat in maiore. Licet idem exemplum conuertere. Item quod in re pari ualet, ualeat in hac quae par est, ut quoniam usus auctoritas fundi biennium est, sit etiam aedium. At in lege aedes non appellantur et sunt ceterarum rerum quarum annuust usus. Valeat aequitas, quae paribus in causis paria iura desiderat.

24 Quae autem adsumuntur extrinsecus, ea maxime ex auctoritate ducuntur. Itaque Graeci talís argumentationes ἀτέχνους uocant, id est artis expertis. Vt si ita respondeas : Quoniam P. Scaeuola id solum esse ambitus aedium dixerit, quantum parietis communis tegendi causa tectum proiceretur, ex quo tecto in* eius aedis qui protexisset, aqua deflueret, id tibi ius uideri.

25 His igitur locis, qui sint expositi, ad omne argumentum reperiendum, tamquam elementis quibusdam, significatio et demonstratio [ad reperiendum] datur. Vtrum igitur hactenus satis est ? Tibi quidem, tam acuto et tam occupato, puto. V Sed, quoniam auidum homi-

23 reguntur *O* : -gantur *f* || ualeat in minore *Af* : u. in re minore *O* || in re minore ualet *J. Martha* : in minore u. *Of* || annuust *nos clausulae causa* : annuus est *codd.*
24 quantum *O* : qua *f* || tecto in eius Boethius : in tectum eius *Of*
25 argumentum reperiendum *O* : argumentum *f* || ad reperiendum *om. O*

comme tu l'es. V Cependant, comme j'ai convié à ce repas de science un convive affamé, j'aime mieux, le recevant, qu'il y ait des restes plutôt que de te voir partir d'ici sur ton appétit. **26** Donc, puisque chacun des lieux que je viens d'exposer a en quelque sorte ses membres, je les passerai en revue avec le plus de précision possible.

Lieux inhérents : 1° la définition.

Commençons par la définition même. La définition est un discours qui explique en quoi consiste l'objet à définir. On y distingue deux groupes principaux, l'un comprend les choses qui existent réellement, l'autre celles qui n'existent que dans la pensée. **27** J'appelle existant réellement celles que l'on peut voir ou toucher, fonds de terre, maison, mur, gouttière, esclave et gros bétail, menu bétail, meubles meublants, provisisions, etc.; de ce groupe vous avez parfois des objets à définir. Par contre j'appelle n'existant pas réellement celles qui ne peuvent être touchées et désignées, mais peuvent être vues et comprises par l'esprit, comme si j'avais à définir l'usucapion (1), la tutelle, la gens (2), l'agnation (3), toutes choses qui n'ont aucun substratum corporel, mais qui comportent une certaine image innée, une certaine idée empreinte < dans l'esprit >, à quoi je donne le nom de notion (4); souvent, dans l'argumentation, les notions doivent être expliquées par une définition.

28 La définition se donne par énumération ou par analyse. Par énumération, lorsque l'idée proposée est divisée en ce que j'appellerai ses membres, comme si l'on disait que le droit civil (5) est celui qui résulte des lois, des sénatus-consultes, des choses jugées, de l'autorité des jurisconsultes, des édits des magistrats, de la coutume, de l'équité. Les définitions par analyse embrassent, elles, toutes les espèces comprises dans le genre à définir.

(1) Mode d'acquisition de la propriété par possession prolongée.
(2) Cf. § 29 la définition des gentiles.
(3) Voir à la fin du volume.
(4) Cf. § 31.
(5) Cf. § 9.

nem ad has discendi epulas recepi, sic accipiam ut reliquiarum sit potius aliquid quam te hinc patiar non satiatum discedere. **26** Quando ergo unusquisque eorum locorum quos exposui sua quaedam membra habet, ea quam subtilissime persequamur.

Et primum de ipsa definitione dicatur. Definitio est oratio quae id quod definitur explicat quid sit. Definitionum autem duo sunt genera prima, unum earum rerum quae sunt, alterum earum quae intelleguntur. **27** Esse ea dico quae cerni tangiue possunt, ut fundum, aedes, parietem, stillicidium, mancipium, pecudem, suppellectilem, penus et cetera ; quo ex genere quaedam interdum uobis definienda sunt. Non esse rursus ea dico quae tangi demonstrariue non possunt, cerni tamen animo atque intellegi possunt, ut si ususcapionem, si tutelam, si gentem, si agnationem definias, quarum rerum nullum subest [quasi] corpus, est tamen quaedam conformatio insita et impressa intellegentia, quam notionem uoco. Ea saepe in argumentando definitione explicanda *sunt*.

28 Atque etiam definitiones aliae sunt partitionum, aliae diuisionum; partitionum, cum res ea, quae proposita est, quasi in membra discerpitur, ut si quis ius ciuile dicat id esse, quod in legibus, senatus consultis, rebus iudicatis, iuris peritorum auctoritate, edictis magistratuum, more, aequitate consistat ; diuisionum autem definitio

27 tangiue *A* : -que *Of* || et cetera *O* : cetera *Af* || quasi *secl. Proust* || intellegentia *vulg.* : -ae *Of* || explicanda sunt *A* : e. est *f* est e. *O*

28 iuris *om. Af*

Exemple : L'aliénation de la propriété d'une res mancipi (1) se fait soit par sa remise à autrui accompagnée d'un lien de droit civil, soit par cession devant le magistrat, à la condition que les deux parties, de par le droit civil, soient habilitées à se servir de ces moyens.

VI Il y a encore d'autres espèces de définition ; mais elles n'ont point de rapport à l'objet de cet ouvrage. Il me faut seulement indiquer la méthode à suivre pour définir.
29 Voici à ce propos ce que recommandent les anciens maîtres (2) : énoncer d'abord les caractères que la chose à définir présente en commun avec d'autres ; ensuite poursuivre l'analyse jusqu'à ce qu'on arrive à un caractère particulier qu'on ne peut retrouver nulle part ailleurs. Par exemple « l'hérédité (3) est un ensemble de biens ». Voilà un caractère commun ; car il y a de nombreux genres de biens. Ajoutons ce qui suit : « qui à la mort d'une personne est transmis à une autre personne ». La définition n'est pas complète, car il y a beaucoup de façons, dont peuvent nous parvenir les biens d'un mort, sans que nous soyons héritiers. Ajoutons encore un mot : « conformément au droit ». Désormais l'idée semble sortir de ce qu'elle présente de commun avec d'autres et la définition peut revêtir la forme suivante : « L'hérédité est un ensemble de biens, qui, à la mort d'une personne, est transmis à une autre personne conformément au droit ». Ce n'est pas encore assez. Ajoutez : « et qui n'a pas été l'objet d'un legs par testament (4), ni conservé par suite de la possession qu'on en avait (5) » et la définition est complète.

Autre exemple : « On appelle *gentiles* ceux qui portent le même nom (6). » C'est insuffisant. « Qui sont issus de parents ayant toujours été libres (7) » C'est encore insuffisant. « Dont aucun des ancêtres n'a jamais vécu dans l'esclavage ». Il manque encore quelque chose. « Qui n'ont jamais vu leur état juridique diminué (8) ». Cela me paraît suffire, car je ne vois pas que Scévola le pontife (9) ait rien ajouté à cette définition.

(1-9) Voir les notes à la fin du volume.

formas omnes complectitur, quae sub eo genere sunt quod definitur, hoc modo : Abalienatio est eius rei, quae mancipi est, aut traditio alteri nexu aut in iure cessio, inter quos ea iure ciuili fieri possunt.

VI Sunt etiam alia genera definitionum, sed ad huius libri institutum illa nihil pertinent ; tantum est dicendum qui sit definitionis modus. **29** Sic igitur ueteres praecipiunt. Cum sumpseris ea quae sunt ei rei quam definire uelis cum aliis communia, usque eo persequi dum proprium efficiatur quod nullam in aliam rem transferri possit. Vt haec « hereditas est pecunia ». Commune adhuc ; multa enim genera pecuniae. Adde quod sequitur, « quae morte alicuius ad quempiam pervenit ». Nondum est definitio; multis enim modis sine hereditate teneri mortuorum pecuniae possunt. Vnum adde uerbum « iure ». Iam a communitate res disiuncta uidebitur, ut sit explicata definitio sic : « Hereditas est pecunia, quae morte alicuius ad quempiam peruenit iure ». Nondum est satis. Adde : « nec ea aut legata testamento aut possessione retenta ». Confectum est.

Itemque [ut illud] : « Gentiles sunt qui inter se eodem nomine sunt ». Non est satis. « Qui ab ingenuis oriundi sunt ». Ne id quidem satis est. « Quorum maiorum nemo seruitutem seruiuit ». Abest etiam nunc. « Qui capite non sunt deminuti ». Hoc fortasse satis est. Nihil enim uideo Scaeuolam pontificem ad hanc definitionem addidisse.

Atque haec ratio ualet in utroque genere definitionum,

nexu *Of* : nexo *A* || fieri possunt *clausula uitiosa*
29 transferri possit *clausula uitiosa* || Vt haec *Of* : ut hoc *f* || ut illud *secl. Friedrich*

Cette méthode s'applique à toutes les définitions, qu'elles portent sur des choses qui existent réellement ou sur des choses qui n'ont d'existence que dans notre pensée.

30 En quoi consistent les définitions par énumération et par analyse, je l'ai exposé plus haut (1) ; mais en quoi elles diffèrent, je dois l'exposer plus clairement. Dans l'énumération, il y a pour ainsi dire des membres ; comme dans le corps on distingue la tête, les épaules, les mains, les flancs, les jambes, les pieds, etc. ; VII dans la définition par analyse, il y a des espèces, que les Grecs appellent εἴδη ; nos écrivains — du moins ceux qui traitent ces matières — emploient le mot *species* (2), qui n'est pas mal choisi, mais inutile, faute de cas pour le décliner. En effet, même si les formes *specierum* et *speciebus* étaient latines, je ne voudrais pas m'en servir et il faut souvent employer ces cas ; par contre je me servirais volontiers de *formis* et *formarum*. Or, quand deux mots rendent la même idée, j'estime que la question de commodité dans le langage n'est pas négligeable. **31** Le genre et l'espèce se définissent de la façon suivante. Le genre est une notion commune à plusieurs objets distincts. L'espèce est une notion dont la marque distinctive peut être ramenée au genre comme à son principe et en quelque sorte à sa source. J'appelle notion ce que les Grecs nomment tantôt ἔννοια (3), tantôt πρόληψις. C'est la connaissance de chaque caractère spécifique innée et connue d'avance par l'esprit, mais ayant besoin d'être développée. Les espèces sont donc les divisions entre lesquelles le genre se répartit, sans qu'on en omette aucune, comme si l'on divisait le droit en loi, coutume, équité (4). Assimiler les espèces aux parties, c'est jeter de la confusion dans l'art, et, aveuglé par une vague ressemblance, ne pas distinguer avec assez de pénétration ce qu'il faut séparer.

(1) § 28.
(2) « Espèce. »
(3) Chez les Epicuriens, notion acquise par les sens ; par extension, idée innée, notion antérieure à toute perception par les sens ou à toute acquisition de l'esprit. Πρόληψις, « notion, conception ».
(4) Voir à la fin du volume.

siue id quod est siue id quod intellegitur definiendum est.

30 Partitionum [autem] et diuisionum genus quale esset ostendimus, sed quid inter se differant planius dicendum est. In partitione quasi membra sunt, ut corporis caput, umeri, manus, latera, crura, pedes, et cetera ; VII in diuisione formae sunt, quas Graeci εἴδη uocant, nostri, si qui haec forte tractant, species appellant, non pessime id quidem, sed inutiliter ad mutandos casus in dicendo. Nolim enim, ne si Latine quidem dici possit, specierum et speciebus dicere, et saepe his casibus utendum est ; at formis et formarum uelim. Cum autem utroque uerbo idem significetur, commoditatem in dicendo non arbitror neglegendam. **31** Genus et formam definiunt hoc modo. Genus est notio ad pluris differentias pertinens ; forma est notio, cuius differentia ad caput generis et quasi fontem referri potest. Notionem appello quod Graeci tum ἔννοιαν tum πρόληψιν. Ea est insita et an*imo* p*rae*cepta cuiusque formae cognitio, enodationis indigens. Formae sunt* igitur eae, in quas genus sine ullius praetermissione diiuditur, ut si quis ius in legem, morem, aequitatem diuidat. Formas qui putat idem esse quod partis, confundit artem, et, similitudine quadam conturbatus, non satis acute quae sunt secernenda distinguit.

Saepe etiam definiunt et oratores et poetae per translationem uerbi ex similitudine, cum quadam suauitate.

30 autem *secl. Lambin*
31 animo *Hammer* : ante *codd.* || praecepta *f* : per- *codd.* || sunt igitur *A* : i. s. *O* sunt *f*

Souvent aussi les orateurs et les poètes définissent en partant d'une ressemblance pour passer du sens propre au sens figuré : ce procédé n'est pas sans agrément. **32** Mais moi je ne veux pas m'écarter, sinon contraint et forcé, des exemples que vous pouvez me fournir, < vous les jurisconsultes > . Je dirai donc qu'Aquilius (1), mon collègue et intime ami, à propos des rivages, où vous voyez une propriété publique, interrogé par ceux que cette question intéressait, sur ce qu'il entendait par rivages, donna la définition suivante: « l'endroit où les flots se jouent » (2). C'est comme si l'on voulait définir l'adolescence par « la fleur de l'âge » et la vieillesse par « le déclin de la vie ». En se servant de cette métaphore,il s'écartait des termes propres à la chose et de ceux qui convenaient à sa profession. Sur ces définitions, je m'arrête. Voyons le reste.

VIII **33** Dans la définition par énumération des parties, il faut s'attacher à n'en omettre aucune. Par exemple, si l'on voulait définir ainsi la tutelle, ce serait une preuve d'ignorance d'en omettre une seule sorte. Au contraire, si l'on définit de cette façon les formules de stipulation ou d'action, ce n'est pas une faute, la matière étant illimitée, que de faire une omission. Même observation, pour la définition par analyse, en ce qui concerne les défauts à éviter. D'une part, le nombre des espèces qui se rattachent à un genre est limité ; d'autre part, souvent, les parties à distinguer sont presque illimitées, comme les ruisseaux qui peuvent dériver d'une même source. **34** Aussi, dans l'art oratoire, dès qu'on a établi le genre de la question qui se pose, toutes les espèces en découlent-elles d'une manière précise. Mais, lorsqu'on donne des préceptes sur les figures de mots, de pensées, en grec σχήματα, ce n'est pas la même chose. Le sujet, en effet, est presque infini. L'on voit ainsi d'une autre façon la différence que nous voulons établir entre les définitions par énumération et par analyse. Les mots pouvaient sembler avoir presque

(1) Voir à la fin du volume.

(2) Ce sont les vagues et leur écume jetée sur le rivage qu'il appelle les jeux de la mer.

32 Sed ego a uestris exemplis, nisi necessario, non recedam. Solebat igitur Aquilius, conlega et familiaris meus, cum de litoribus ageretur, quae omnia publica esse uultis, quaerentibus eis, quos ad* id pertinebat, quid esset litus, ita definire « qua fluctus eluderet »; hoc est quasi qui adulescentiam florem aetatis, senectutem occasum uitae uelit definire ; translatione utens discedebat a uerbis propriis rerum ac suis. Quod ad definitiones attinet, hactenus ; relicua uideamus.

VIII **33** Partitione *autem* sic utendum est, nullam ut partem relinquas, ut si partiri uelis tutelas, inscienter facias, si ullam praetermittas. At si stipulationum aut iudiciorum formulas partiare, non est uitiosum in re infinita praetermittere aliquid. Quod idem in diuisione uitiosum est. Formarum enim certus est numerus, quae cuique generi subiciuntur ; partium distributio saepe est infinitior, tamquam riuorum a fonte diductio. **34** Itaque in oratoriis artibus, quaestionis genere proposito, quot eius formae sint subiungitur absolute. At cum de ornamentis uerborum sententiarumque praecipitur, quae uocant σχήματα, non idem fit*. Res est enim infinitior ut ex hoc quoque intellegatur quid uelimus inter partitionem et diuisionem interesse. Quamquam enim uocabula prope idem ualere uide*b*antur, tamen, quia res differebant, nomina rerum distare uoluerunt.

32 per translationem *Of* : translationem *A* || quos ad *A* : ad quos *Of*
33 autem *Schuetz* : tum *Of* || ullam praetermittas *clausula vitiosa* || est infinitior *Af* : i. e. *O*
34 non idem fit *nos clausulae causa* : n. f. i. *Of* || uidebantur *Orelli* : -antur *Of* -entur BOETHIVS

la même valeur ; cependant, comme les choses étaient différentes, on a voulu que les noms désignant les choses ne fussent pas synonymes.

L'étymologie.

35 On tire aussi beaucoup de l'étymologie *(notatio)*. Cela consiste à faire sortir son argumentation du sens d'un mot, ce que les Grecs appellent ἐτυμολογία, c'est-à-dire, en mot à mot, *ueriloquium* (1). Mais nous, fuyant un mot nouveau insuffisamment harmonieux, nous appliquons à ce groupe de phénomènes le mot *notatio*, parce que les mots sont le signe *(nota)* des choses. Aussi Aristote emploie-t-il de même en grec σύμβολον, qui correspond au latin *nota*. D'ailleurs, comme la chose est claire, il faut moins s'inquiéter du nom.

36 Donc, dans la discussion, par l'étymologie on fait sortir beaucoup d'un mot. Supposons par exemple, que l'on veuille définir le mot *postliminium* (2). Je ne parle pas de ce que comprend le *postliminium*, car ce serait une définition par énumération, qui serait la suivante : le droit de *postliminium* s'applique à l'homme, au navire, au mulet de bât, au cheval, à la jument habituée à recevoir le frein (3). Mais quand on cherche la valeur du *postliminium* en lui-même, c'est à l'étymologie même que l'on s'adresse. Or notre ami Servius (4) veut, si je ne me trompe, que *post* détermine seul la valeur étymologique, *liminium* n'étant qu'un suffixe ; de même, dans *finitimus*, *legitimus*, *aeditimus*, *timus* n'a pas plus de valeur que *tullium* dans *meditullium* (5). **37** Au contraire Scévola, fils de Publius (6), y voit un mot composé formé de *post* et de *limen*. C'est ainsi que les choses dont nous avons perdu la propriété, lorsqu'elles sont tombées au pouvoir de l'ennemi, ont franchi pour ainsi dire notre seuil *(limen)*. Lorsqu'ensuite *(post)* elles

(1) Mot à mot « véritable acception du terme ».
(2) (4) Voir à la fin du volume.
(3) La jument de selle ou de trait.
(5) « Milieu, centre », mot assez rarement employé.
(6) Voir p. 75, n. 9.

35 Multa etiam ex notatione sumuntur. Ea est autem, cum ex ui nominis argumentum elicitur ; quam Graeci ἐτυμολογίαν uocant, id est, uerbum ex uerbo, ueriloquium ; nos autem nouitatem uerbi non satis apti fugientes, genus hoc notationem appellamus, quia sunt uerba rerum notae. Itaque hoc idem Aristoteles σύμβολον appellat, quod latine est nota. Sed cum intellegitur quid significetur, minus laborandum est de nomine.

36 Multa igitur in disputando notatione eliciuntur ex uerbo ut cum quaeritur postliminium quid sit (non dico, quae sint postlimini ; nam id caderet in *partitio*nem, quae talis est : postliminio redeunt haec, homo, nauis, mulus clitellarius, equus, equa quae frena recipere solet ; sed cum ipsius postlimini uis quaeritur et uerbum ipsum notatur. In quo Seruius noster, ut opinor, nihil putat esse notandum, nisi post, et liminium illud productionem esse uerbi uult, ut in finitimo, legitimo, aeditimo, non plus esse timum, quam in meditullio tullium. **37** Scaeuola autem, P. filius, iunctum putat esse uerbum, ut sit in eo et post et limen ; ut quae a nobis alienata, cum ad hostem peruenerint, ex suo tamquam limine exierint, hinc ea cum redierint post ad idem limen, postliminio redisse uideantur. Quo genere etiam Mancini causa defendi potest, postliminio redisse, deditum non esse, quoniam non sit receptus, nam neque deditionem, neque donationem sine acceptione intellegi posse.

35 hoc idem *Af* : hoc quidem *O*
36 partitionem *nos* : diuisionem *codd.*
37 hinc ea *Of* : *quattuor litterarum spatium* ea *A*

repassent ce seuil, elles nous font retour en vertu du *postliminium*. C'est encore ainsi qu'on peut défendre la cause de Mancinus (1) et lui appliquer le *postliminium*, en disant que sa livraison < comme captif > n'a pas eu d'existence légale, puisqu'elle n'a pas été acceptée. Car une livraison, pas plus qu'une donation, ne peut se concevoir sans une acceptation (2).

Choses ayant quelque rapport au point en litige.

IX **38** Vient ensuite le lieu qui comprend les choses ayant quelque rapport au point en litige ; comme je l'ai dit plus haut (3), on y distingue plusieurs parties. Le premier lieu, ce sont les mots de même parenté, ce que les Grecs appellent συζυγία ; il offre beaucoup de ressemblance avec l'étymologie, dont je viens de parler. Si, par exemple, nous ne considérons comme eau de pluie (4), que celle qui tombe < directement > du ciel, nous verrions Mucius (5), arguant de ce que « pluie » et « quand il pleut » sont apparentés, nous dire que toute eau sujette à crue quand il pleut peut donner lieu à l'action pour détourner les eaux pluviales.

39 Lorsque c'est le genre qui doit fournir un argument, il ne sera pas nécessaire de remonter, <pour l'espèce envisagée> , jusqu'au chef le plus éloigné. Souvent même il suffit de s'arrêter en deçà, à condition que ce qui sert de preuve soit plus général que ce que l'on veut prouver. Par exemple, si l'on remonte au genre le plus compréhensif, l'eau de pluie est celle qui vient du ciel et s'accroît par la pluie ; mais, en un genre moins éloigné, qui suffit à conditionner l'exercice de l'action en détournement des eaux pluviales, on ne considère que l'eau de pluie qui cause des dégâts : de ce genre les espèces sont les dégâts imputables au vice du lieu, et ceux qui sont imputables au travail de l'homme. C'est dans le second cas que l'arbitre ordonne de détourner les eaux, non dans le premier.

(1) (2) Voir à la fin du volume.
(3) Voir § 11.
(4) Voir § 23.
(5) Voir p. 73, n. 5.

IX **38** Sequitur is locus, qui constat ex eis rebus quae quodammodo affectae sunt ad id de quo ambigitur ; quem modo dixi in plures partes distributum. Cuius est primus locus ea coniugatione, quam Graeci συζυγίαν uocant, finitimus notationi, de qua modo est* dictum, ut si aquam pluuiam eam modo intellegeremus quam imbre conlectam uideremus, ueniret Mucius, qui, quia coniugata uerba essent pluuia et pluendo, diceret omnem aquam oportere arceri quae pluendo creuisset.

39 Cum autem a genere ducetur argumentum, non erit necesse id usque a capite arcessere. Saepe etiam citra licet, dum modo supra sit, quod sumitur, quam id ad quod sumitur ; ut aqua pluuia ultimo genere ea est quae de caelo ueniens crescit imbri ; sed propiore, in quo quasi ius arcendi continetur, [genus est, aqua pluuia] nocens ; eius generis formae loci uitio et manu nocens, quarum altera iubetur ab arbitro coerceri, altera non iubetur.

40 Commode etiam tractatur haec argumentatio quae ex genere sumitur, cum ex toto partis persequare hoc modo. Si dolus malus est, cum aliud agitur, aliud simulatur, enumerare licet quibus id modis fiat, deinde in eorum aliquem id quod arguas dolo malo factum includere. Quod genus argumenti in primis firmum uideri solet.

X **41** Similitudo sequitur, quae late patet, sed oratoribus et philosophis magis quam uobis. Etsi enim omnes

38 coniugatione *Of* : coniunc– *A* || est dictum *nos clausulae causa* : d. e. *Of* || coniugata *Of* : iugata *A* || pluendo creuisset *clausula vitiosa*

39 genus– pluuia *secl. Friedrich* || altera... altera *Of* : –rum... –rum *A*

40 On peut aussi développer avec utilité l'argumentation tirée du genre, en passant en revue toutes les parties. Par exemple, si le dol consiste une chose à faire alors qu'on feint d'en faire une autre, on peut énumérer toutes les manières dont s'accomplit le dol, puis ramener à l'une d'elles l'acte contre lequel on dirige l'accusation de dol. On a coutume de regarder ce genre de raisonnement comme solide entre tous.

X **41** Vient ensuite la similitude, qui offre un vaste champ, mais aux orateurs et aux philosophes plus qu'à vous, <jurisconsultes> . En effet, bien que tous les lieux doivent fournir des arguments à toutes les discussions, cependant, suivant le genre de discussion, ils les présentent tantôt plus abondants, tantôt moins nombreux. Il te suffira donc de connaître les différents types. Où il faut les employer, les questions t'en avertiront d'elles-mêmes.

42 Il y a, en effet, des similitudes qui conduisent à leur but par plusieurs rapprochements. Par exemple, si le tuteur, si l'associé, si le mandataire, si l'acquéreur fiduciaire (1) doivent observer les règles de la bonne foi (2), le représentant en justice doit les observer également. Ce raisonnement qui, en plusieurs étapes, conduit à son but, s'appelle induction, en grec ἐπαγωγή ; Socrate s'en est beaucoup servi dans ses entretiens.

43 Un autre genre de similitude résulte d'un rapprochement où l'on compare une chose à une autre, un objet d'une certaine nature à un autre de même nature. Par exemple, si, dans une ville, il s'élève une contestation de bornage, comme le bornage est une question rurale plutôt qu'urbaine, il est impossible d'aboutir à l'arbitrage prévu dans l'action en bornage. De même, si les eaux de pluie causent des dégâts en ville, comme toute la question est plutôt d'ordre rural, il est impossible d'aboutir à l'arbitrage prévu dans l'action pour détourner les eaux de pluie (3).

44 Dans ce même lieu des similitudes, on invoque aussi quelquefois des exemples. C'est ainsi que Crassus (4), dans la cause de Curius (5), fit un fréquent usage d'exemples.

(1-5) Voir à la fin du volume.

loci sunt omnium disputationum ad argumenta suppeditanda, tamen aliis disputationibus abundantius occurrunt, aliis angustius. Itaque genera tibi nota sint ; ubi autem his utare, quaestiones ipsae te admonebunt.

42 Sunt enim similitudines, quae ex pluribus conlationibus perueniunt quo uolunt, hoc modo. Si tutor fidem praestare debet, si socius, si cui mandaris, si qui fiduciam acceperit, debet etiam procurator. Haec ex pluribus perueniens quo uult appellatur inductio, quae graece ἐπαγωγή nominatur, qua plurimum est usus in sermonibus Socrates.

43 Alterum similitudinis genus conlatione sumitur, cum una res uni, par pari comparatur, hoc modo. Quemadmodum, si in urbe de finibus controuersia est, quia fines magis agrorum uidentur esse quam urbis, finibus regundis adigere arbitrum non possis, sic, si aqua pluuia in urbe nocet, quoniam res tota magis agrorum est, aquae pluuiae arcendae adigere non possis arbitrum.

44 Ex eodem similitudinis loco etiam exempla sumuntur, ut Crassus in Curiana causa exemplis plurimis usus est, [qui testamento sic heredes instituissent, ut, si filius natus esset in decem mensibus, isque mortuus prius quam in suam tutelam uenisset, hereditatem obtinuissent]. Quae commemoratio exemplorum ualuit, eaque uos in respondendo uti multum soletis.

45 Ficta etiam exempla similitudinis habent uim ; sed ea oratoria magis sunt quam uestra, quamquam uti etiam uos soletis, sed hoc modo. Finge mancipio aliquem

42 appellatur *Of* : –etur *A*
44 qui testamento — obtinuissent *secl. Friedrich*

La mention de ces exemples ne fut pas sans effet, et, dans vos consultations, vous avez l'habitude d'en citer souvent.

45 Même les exemples de similitudes imaginés de toute pièce ont leur force. Mais ils sont du domaine des orateurs plus que du vôtre, quoique vous ayez coutume de les employer aussi, mais sous la forme suivante. Supposez qu'un homme ait transféré par mancipation (1) la propriété d'une chose qui n'est pas susceptible d'être mancipée. La chose est-elle devenue ainsi la propriété de celui qui l'a reçue ? ou bien l'auteur du transfert par mancipation ne s'est-il obligé à rien à propos de cette chose ? Dans ce genre, il est permis aux orateurs de faire parler même des choses muettes, d'évoquer les morts des enfers, d'avancer une chose absolument impossible pour amplifier une idée, ce qu'on appelle < en grec > ὑπερβολή , ou pour l'affaiblir, sans parler de beaucoup d'autres choses merveilleuses. Mais le champ qui s'ouvre aux orateurs et aux philosophes est plus vaste. Cependant, comme je l'ai dit plus haut (2), ces mêmes lieux fournissent des arguments pour tous les sujets, les plus importants comme les moins importants.

XI **46** Après la similitude vient la différence, qui est tout l'opposé de ce qui précède ; mais c'est la même opération d'esprit qui fait trouver la dissemblance et la ressemblance. Exemple : De ce que, si l'on a une dette envers une femme, on peut valablement l'acquitter directement entre ses mains sans l'assistance (3) de son tuteur, il ne s'en suit pas, lorsque la dette est contractée envers une pupille ou un pupille, qu'on puisse l'acquitter valablement de la même façon.

Contraires et leurs genres.

47 Immédiatement après vient le lieu qui tire son nom des contraires. Or il y a plusieurs genres de contraires. D'abord ceux qui, tout en étant très différents, appartiennent au même genre, par exemple la sagesse et la sottise. On dit que les idées appartiennent au

(1) (3) Voir à la fin du volume.
(2) § 41.

dedisse id quod mancipio dari non potest. Num idcirco id eius factum est qui accepit? aut num is qui mancipio dedit ob eam rem se ulla re obligauit? In hoc genere oratoribus et philosophis concessum est ut muta etiam loquantur, ut mortui ab inferis excitentur, ut aliquid, quod fieri nullo modo possit, augendae rei gratia dicatur, quae ὑπερβολή dicitur, *aut minuendae, multa alia mirabilia. Sed latior est campus illorum. Eisdem tamen ex locis, ut ante dixi, et in maximis et in minimis quaestionibus argumenta ducuntur.

XI **46** Sequitur similitudinem differentia rei, maxime contraria superiori; sed est eiusdem dissimile et simile inuenire. Eius generis haec sunt. Non, quemadmodum quod mulieri debeas, recte ipsi mulieri, sine tutore auctore, soluas, ita quod aut pupillae aut pupillo debeas, recte possis eodem modo soluere

47 Deinceps locus est qui a contrario dicitur. Contrariorum autem genera sunt plura, unum eorum quae in eodem genere plurimum differunt, ut sapientia et stultitia. Eodem autem genere dicuntur, quibus propositis occurrunt, tamquam e regione, quaedam contraria ut celeritati tarditas, non debilitas. Ex quibus contrariis argumenta talia exsistunt. Si stultitiam fugimus, sapientiam sequamur, et bonitatem, si malitiam. Haec, quae ex eodem genere contraria sunt, appellantur aduersa. **48** Sunt enim alia contraria, quae priuantia licet appellemus Latine, Graeci appellant στερητικά. Praepositio enim « in » priuat uerbum ea ui, quam haberet, si « in »

46 aut minuendae *post* quae-dicitur *nos*
47 aduersa *Of* : di- *A*

même genre, quand, l'une étant exprimée, une autre se présente immédiatement pour ainsi dire en regard, comme vitesse, lenteur, mais non faiblesse. De ces contraires, on tire des arguments comme : si nous évitons la sottise, recherchons la sagesse, et la bonté, si nous évitons la méchanceté. Ces contraires d'un même genre s'appellent opposés. **48** Il y a en effet d'autres contraires, que nous pourrions appeler en latin *priuantia* (1), le nom grec étant στερητικά. En effet, la présence du préfixe *in* prive un mot de la valeur qu'il aurait si le préfixe *in* était absent, *dignitas*, *indignitas*, *humanitas*, *inhumanitas*, et autres exemples semblables, que l'on manie comme les contraires précédents que j'ai appelés opposés (2). **49** Il y a encore d'autres genres de contraires (3), par exemple ceux qui impliquent une comparaison, comme double et simple, beaucoup et peu, long et court, plus grand et moins grand. Il y a même des contraires tout à fait marqués, que l'on appelle *negantia* (3), ἀποφατικά en grec : ils expriment des idées absolument opposées. Si telle chose est, telle autre n'est pas. En effet, qu'y a-t-il besoin d'exemple <précis> ? Il suffit de comprendre que, lorsqu'on cherche un argument, tous les contraires ne peuvent être convenablement opposés.

Notions voisines.

50 Pour les arguments tirés de l'analogie, j'ai cité un peu plus haut (4), un exemple, montrant qu'il y avait un grand nombre de cas analogues, qu'il aurait fallu admettre, si nous avions établi qu'aux termes de l'édit l'envoi en possession pouvait être accordé à un héritier institué par un testament, dont l'auteur n'avait pas la capacité de tester. Mais ce lieu convient surtout aux causes conjecturales qui viennent en justice, et où l'on examine ce qui est, ce qui s'est produit, ce qui sera, ou, d'une façon générale, ce qui peut advenir. Telle est, en effet, la forme du lieu

(1) « Privatifs, exclusifs ».
(2) Voir § 47.
(3) « Antinomies. »
(4) § 18.

praepositum non fuisset, ut dignitas, indignitas, humanitas, inhumanitas, et cetera generis eiusdem, quorum tractatio est eadem, quae superiorum, quae aduersa dixi. **49** Nam alia quoque sunt contrariorum genera, uelut ea quae cum aliquo conferuntur, ut duplum simplum, multa pauca, longum breue, maius minus. Sunt etiam illa ualde contraria, quae appellantur negantia, ea ἀποφατικά Graeci, contraria aientibus, si hoc est, illud non est. Quid enim opus exemplo est ? Tantum intellegatur in argumento quaerendo contrariis omnibus contraria non conuenire.

50 Ab adiunctis autem posui equidem exemplum paulo ante, multa adiungi, quae suscipienda essent si statuissemus ex edicto secundum eas tabulas possessionem dari, quas is instituisset cui testamenti factio nulla esset. Sed locus hic magis ad coniecturales causas, quae uersantur in iudiciis, ualet, cum quaeritur quid aut sit aut euenerit aut futurum sit aut quid omnino fieri possit. Ac loci quidem ipsius forma talis est. XII **51** Admonet autem hic locus ut quaeratur quid ante rem, quid cum re, quid post rem euenerit. « Nihil hoc ad ius, ad Ciceronem », inquiebat Gallus noster, si quis ad eum tale quid rettulerat, ut de facto quaereretur. Tu tamen patiere nullum a me artis institutae locum praeteriri, ne, si nihil nisi quod ad te pertineat scribendum putabis, nimium te amare uideare. Est igitur magna ex parte locus hic oratorius, non modo non iuris consultorum, sed ne philoso-

49 uelut *Of* : uel *A* || negantia ea *Of* : ea *om. A* || Graeci *A*[2] : Graece *A*[1]*Of*
50 fieri possit *clausula uitiosa*
51 quis ad eum quid *OA* : quid ad eum quis *f*

considéré en lui-même. XII **51** Or ce lieu nous avertit de chercher les circonstances qui ont précédé le fait, qui l'ont accompagné, qui l'ont suivi. « Cela ne regarde pas le droit, cela regarde Cicéron (1) », disait notre ami Gallus (2) quand on le consultait sur une question de ce genre, qui portait sur les faits. Mais toi, tu me permettras de n'omettre aucun lieu qui rentre dans le sujet que je me suis proposé, car, si tu ne juges digne d'être écrit que ce qui a rapport à ta profession, tu sembleras pécher par égoïsme. Donc ce lieu, qui se rapporte presque exclusivement aux discours, ne concerne pas les jurisconsultes, ni même les philosophes. **52** En effet, comme circonstances ayant précédé le fait, on examine les préparatifs, les entretiens, le lieu, le rendez-vous, un repas ; l'ayant accompagné, le bruit de pas, l'ombre d'un corps et autres choses semblables ; l'ayant suivi, la pâleur, la rougeur, une démarche hésitante, et les autres indices du trouble et du remords ; en outre, les lumières éteintes, un glaive ensanglanté et tout ce qui peut faire naître les soupçons.

Conséquences, antécédents et choses contradictoires.

53 Vient maintenant le lieu, propre aux dialecticiens, sur les conséquences, les antécédents et les choses contradictoires : il est tout différent aussi de celui des analogies. Car les analogies dont il a été question un peu plus haut (3) ne se présentent pas toujours, tandis que les conséquences se présentent toujours. En effet j'appelle conséquences les suites nécessaires d'une action (4). De même pour les antécédents et les choses contradictoires ; en effet, tout ce qui suit une chose a nécessairement un lien avec cette chose, et tout ce qui est en contradiction <avec une chose> a pour caractère de n'avoir jamais de lien avec elle. XIII Quoique ce lieu se divise en trois parties, conséquence, antécédent, contradiction, pour fournir des arguments, il est simple, triple

(1) C'est-à-dire l'avocat, qui s'occupe des considérations de fait et non de droit.

(2) Voir p. 77, note 1.

(3) Voir § 50.

(4) Nous n'avons pu rendre le rapprochement *consequentia-consequuntur*.

phorum quidem. **52** Ante rem enim quaeruntur quae talia sunt, apparatus, conloquia, locus, constitutum, conuiuium ; cum re autem, pedum crepitus [strepitus hominum], corporum umbrae et si quid eiusmodi ; post rem, rubor, pallor, titubatio, si qua alia signa conturbationis et conscientiae, praeterea restinctus ignis, gladius cruentus, ceteraque quae suspicionem facti possunt mouere.

53 Deinceps est locus dialecticorum proprius ex consequentibus et antecedentibus et repugnantibus, qui etiam ab adiunctis longe diuersus est. Nam *ad*iuncta, de quibus paulo ante dictum est, non semper eueniunt ; consequentia autem semper. Ea enim dico consequentia quae rem necessario consequuntur, itemque et antecedentia et repugnantia. Quidquid enim sequitur quamque rem, id cohaeret cum re necessario, et quidquid repugnat, id eiusmodi est ut numquam cohaerere possit. XIII Cum tripertito igitur distribuatur locus hic, in consecutionem, antecessionem, repugnantiam, reperiendi argumenti locus simplex est, tractandi triplex. Nam quid interest, cum hoc sumpseris, pecuniam numeratam mulieri deberi, cui sit omne argentum legatum, utrum hoc modo concludas argumentum ? « Si pecunia signata argentum est, legata est mulieri. Est autem pecunia signata argentum. Legata igitur est » ; an illo modo : « Si numerata pecunia non est legata, non est numerata pecunia argentum. Est autem numerata pecunia argentum. Legata igitur est » ;

52 crepitus strepitus *Af* : s. c. *O* || strepitus hominum *secl. Friedrich* || et si quid *Of* : et *om. A* || ceteraque *A*[2]*Of* : cetera *A*[1]
53 adiuncta *Manutius* : con- *codd.*

pour les développer. Si l'on admet, par exemple, que les deniers comptants sont dus à la femme, qui est légataire de tout l'argent, qu'importe la forme d'argument adoptée ? « Si la monnaie frappée est comprise dans l'argent, elle a été léguée à la femme. Or la monnaie est comprises dans l'argent. Donc elle a été léguée ». Ou bien : « Si l'argent monnayé n'a pas été légué, c'est que l'argent monnayé n'est pas compris dans l'argent. Or l'argent monnayé est compris dans l'argent. Donc il a été légué ». Ou bien : « On ne peut admettre en même temps que tout ce qui est argent ait été légué et que l'argent monnayé n'ait pas été légué. Or tout ce qui est argent a été légué ; donc l'argent monnayé a été légué ».

54 Les dialecticiens appellent premier mode de la conclusion la conclusion de l'argument où, d'une première proposition posée, s'en tire une autre liée à la première. Le raisonnement qui nie cette proposition liée à la première, ce qui conduit à nier également celle à laquelle elle est liée, est appelé par eux le second mode de la conclusion. Nier que des choses puissent coexister, admettre ensuite une ou plusieurs de ces choses, de manière à repousser ce qui reste, est appelé par eux le troisième mode de conclusion. **55** De là ces conclusions bien connues que les rhéteurs tirent des contraires et qu'ils nomment eux-mêmes ἐνθυμήματα ; non que toute pensée ne puisse à à bon droit recevoir le nom d'ἐνθύμημα (1) ; mais il en est comme pour Homère, qui, en raison de son génie supérieur, a vu chez les Grecs son nom devenir celui du poète en général; de même, quoique toute pensée puisse être appelée ἐνθύμημα, comme celle qui résulte de l'opposition des contraires semble la plus subtile, elle s'est appropriée seule le nom général. En voici des exemples : « Craindre une des alternatives, ne pas voir dans l'autre un sujet de crainte ! Celle à qui tu ne reproches rien, tu la condamnes, celle dont tu dis qu'elle t'a fait du bien, tu lui fais du mal ! Ce que tu sais ne t'est pas utile ; ce que tu ne

(1) En effet, le sens propre de ἐνθύμημα est « ce que l'on a dans l'esprit », donc « pensée, réflexion, etc. ».

an illo modo: « Non et legatum argentum est et non est legata numerata pecunia. Legatum autem argentum est. Legata igitur numerata pecunia est. »

54 Appellant autem dialectici eam conclusionem argumenti, in qua, cum primum adsumpseris, consequitur id quod adnexum est, primum conclusionis modum ; cum id quod adnexum est negaris, ut id quoque cui fuerit adnexum negandum sit, secundus is appellatur concludendi modus ; cum autem aliqua coniuncta negaris et ex eis unum aut plura sumpseris, ut quod relinquitur tollendum sit, is tertius appellatur conclusionis modus. **55** Ex hoc illa rhetorum sunt ex contrariis conclusa, quae ipsi ἐνθυμήματα appellant ; non quod omnis sententia proprio nomine ἐνθύμημα non dicatur ; sed, ut Homerus propter excellentiam commune poetarum nomen efficit apud Graecos suum, sic, cum omnis sententia ἐνθύμημα dicatur, quia uidetur ea quae ex contrariis conficiatur acutissima, sola proprie nomen commune possedit. Eius generis haec sunt

Hoc metuere, alterum in metu non ponere !
Eam, quam nihil accusas, damnas ; bene quam meritam esse autumas,
male mereri ? Id quod scis prodest nihil ; id, quod nescis obest.

55 non quod omnis *Of* : non qui nominis A[1] non quia non omnis A[2] || non dicatur *Of* : *trium literarum rasura* dicatur *A* || Hoc metuere *habet* CICERO *ad Att.* XII *51 et* XIV *21, 3* || Hoc metuere —obest *Ribb. Trag.*[3] *inc. inc. 204* || Eam—obest *habet Orator 166 ;cf. Ribbeck Trag.*[3] *inc. inc. 200-201* || mereri *a et Oratoris A* : -re *Of A et Oratoris L*

sais pas t'est nuisible ». XIV **56** Ce type de raisonnement se rencontre aussi généralement dans la méthode de discussion que vous employez lors de vos consultations; mais il est plus usité chez les philosophes, qui ont adopté, comme les orateurs, cette conclusion tirée de notions contraires.

Les dialecticiens distinguent encore plusieurs modes, fondés sur la disjonction. « C'est l'un ou l'autre. Or c'est l'un. Donc ce n'est pas l'autre ». De même : « C'est l'un ou l'autre. Or ce n'est pas l'un ; donc c'est l'autre ». Ces conclusions sont péremptoires, car, dans le cas de disjonction, il ne peut y avoir plus d'un des termes qui soit vrai. **57** Les conclusions que je viens d'indiquer sont nommées par les dialecticiens la première le quatrième mode, la seconde le cinquième. Ils ajoutent la négation de propositions conjointes. Par exemple : « Ce ne peut être à la fois ceci et cela. Or c'est ceci. Donc ce n'est pas cela ». C'est le sixième mode. Voici le septième : « Ce ne peut être à la fois ceci et cela. Or ce n'est pas ceci. Donc c'est cela ». De ces modes se tirent d'innombrables conclusions, et c'est là presque toute la dialectique. Aussi bien même celles que je viens d'exposer (1) ne sont-elles pas indispensables à mon objet.

Différents genres de causes.

58 Vient ensuite le lieu des forces efficientes, nommées causes, puis des effets produits par les causes efficientes. J'en ai, un peu plus haut (2), comme pour les autres lieux, donné des exemples et des exemples tirés du droit civil, mais leur domaine est plus vaste. XV Il y a deux sortes de causes : les unes, par leur propre action, font inévitablement l'effet qui dépend d'elles ; par exemple « le feu produit la flamme » ; les autres n'ont pas le pouvoir de produire un effet, mais sans elles l'effet ne pourrait être produit, par exemple si l'on voulait dire que le bronze est la cause de la statue, parce que, sans bronze, elle ne pourrait être faite.

(1) La quatrième et les suivantes.
(2) § 22 pour *efficientes causae*, 23 pour *effectae res*.

XIV 56 Hoc disserendi genus attingit omnino uestras quoque in respondendo disputationes; sed philosophorum magis, quibus est cum oratoribus illa ex repugnantibus sententiis communis conclusio [quae a dialecticis tertius modus a rhetoribus ἐνθύμημα dicitur].

Relicui dialecticorum modi plures sunt, qui ex disiunctionibus constant : « Aut hoc, aut illud. Hoc autem ; non igitur illud. » Itemque : « Aut hoc, aut illud. Non autem hoc ; illud igitur. » Quae conclusiones idcirco ratae sunt, quod in disiunctione plus uno uerum esse non potest. 57 Atque ex eis conclusionibus quas supra scripsi, prior quartus, posterior quintus a dialecticis appellatur modus*. Deinde addunt coniunctionum negantiam, sic : « Non et hoc et illud. Hoc autem ; non igitur illud. » Hic modus est sextus. Septimus autem : « Non et hoc et illud. Non autem hoc ; illud igitur. » Ex eis modis conclusiones innumerabiles nascuntur, in quo est tota fere διαλεκτική. Sed ne hae quidem quas exposui de hanc institutionem sunt necessariae.

58 Proximus est locus rerum efficientium, quae causae appellantur, deinde rerum effectarum ab efficientibus causis. Harum exempla, ut relicuorum locorum, paulo ante posui, *et* quidem ex iure ciuili ; sed haec patent latius. XV Causarum [igitur] genera duo sunt, unum quod ui sua id quod sub ea subiectum est certo efficit, ut ignis accendit ; alterum, quod naturam efficiendi *non* habet, sed sine quo effici non possit, ut si quis aes cau-

56 quae a—dicitur *seclusi*
57 appellatur modus *nos clausulae causa* : m. a. *codd.* || ad hanc *O* : ad haec *Af*
58 et quidem *A* : equidem *Of* || igitur *secl. Orelli* || ui sua *Af* : sua ui *O* || quod *Af* : non quod *O* || non habet *e* : habet *Af* habeat *O* || sed *Of* : et *A*

59 Parmi les causes sans lesquelles aucun effet n'est produit, les unes sont en repos, sans action, on pourrait dire inefficaces, comme le lieu, le temps, le bois, les outils et autres choses du même genre. D'autres préparent l'effet en quelque façon et apportent certaines circonstances d'appoint, mais non de nécessité. C'est ainsi que l'amour avait eu pour cause l'entrevue, le crime l'amour. A ce genre de causes, qui existent de toute éternité, les stoïciens rattachent le destin. De même que j'ai distingué plusieurs genres parmi les causes sans lesquelles un effet ne peut être produit, on peut également en distinguer parmi les causes efficientes. Car il y en a qui produisent directement leur effet sans concours étranger, d'autres qui ont besoin de ce concours. Par exemple : La sagesse à elle seule et par elle-même fait des sages ; mais fait-elle à elle seule et par elle-même des gens heureux ; c'est une question.

60 Aussi lorsqu'il se présente dans une discussion une cause produisant nécessairement un certain effet, on peut, sans hésitation, de cette cause conclure à cet effet. XVI Mais si la cause est telle qu'elle ne produise pas nécessairement l'effet, la conclusion ne suit pas nécessairement. Le genre de causes qui produit nécessairement un effet ne donne presque jamais lieu à une erreur ; le genre de causes sans lesquelles il ne peut y avoir d'effet déroute souvent. En effet, de ce que, sans père et mère, il ne peut y avoir d'enfants, il ne s'ensuit pas pour cela qu'un couple humain (1) doive nécessairement engendrer. **61** Il faut donc séparer soigneusement la cause, sans laquelle une chose n'existe pas, de ce dont cette chose est la conséquence certaine. Il y a là quelque chose d'analogue à : « Plût aux dieux que dans la forêt du Pélion... » (2). En effet, « si les hautes tiges des pins n'étaient tombées à terre », le célèbre vaisseau Argo n'aurait pas été construit;

(1) Je n'ai pu rendre de la même façon *parentibus* dans les deux cas.

(2) La citation complète signifie : « Plût aux dieux que, dans la forêt du Pélion, la haute tige des pins, frappée par la hache, ne fût pas tombée à terre. »

sam statuae uelit dicere, quod sine eo non possit effici.

59 Huius generis causarum, sine quo non efficitur, alia sunt quieta, nihil agentia, stolida quodammodo, ut locus, tempus, materia, ferramenta et cetera generis eiusdem ; alia autem praecursionem quandam adhibent ad efficiendum, et quaedam adferunt per se adiuvantia, etsi non necessaria, ut « amori congressio causam attulerat, amor flagitio ». Ex hoc genere causarum ex aeternitate pendentium fatum a Stoicis nectitur. Atque ut earum causarum sine quibus effici non potest genera diuisi, sic etiam efficientium diuidi possunt. Sunt enim aliae causae quae plane efficiant nulla re adiuuante, aliae, quae adiuuari uelint, ut sapientia efficit sapientes sola per se ; beatos efficiat necne sola per sese, quaestio est.

60 Quare cum in disputationem inciderit causa efficiens aliquid necessario, sine dubitatione licebit quod efficitur ab ea causa concludere. XVI Cum autem erit talis causa, ut in ea non sit efficiendi necessitas, necessaria conclusio non sequitur. Atque illud quidem genus causarum quod habet uim efficiendi necessariam errorem afferre non fere solet, hoc autem sine quo non efficitur saepe conturbat. Non enim, si sine parentibus fili esse non possunt, propterea causa fuit in parentibus gignendi necessaria. 61 Hoc igitur sine quo non fit ab eo a quo certe fit diligenter est separandum. Illud enim est tamquam : « Vtinam ne in nemore Pelio ». Nisi enim « *a*ccidis-

statuae causam *O* : c. s. *Af*
59 et cetera *Of* : cetera *A* || attulerat *codd. dett.* Boethius : -rit *OfA*
60 in parentibus causa fuit *O* : causa f. i. p. *Af*
61 utinam—Pelio *Ribb.*[2] Ennii *Medea* 205 || accidisset abiegna

toutefois dans ces hautes tiges il n'y avait pas la force efficiente nécessaire. Mais lorsque, sur le vaisseau d'Ajax fut lancée « la foudre, pareille à un serpent de feu », le vaisseau doit nécessairement s'embraser.

62 Il y a une autre différence entre les causes. Les unes, sans désir de l'âme, sans acte de volonté ou de jugement, font ce que j'appellerai leur travail ; ainsi tout ce qui est né périra. D'autres le font sous l'action de notre volonté, d'une agitation de l'âme, d'une disposition du caractère, de la nature, de l'art, du hasard : volonté, comme toi, quand tu lis ce traité; agitation de l'âme, comme si l'on craignait ce qui sortira de la situation <politique> présente ; disposition du caractère, si l'on se met en colère facilement et vite; nature, quand un défaut augmente de jour en jour ; art, si l'on a des aptitudes pour la peinture ; hasard, quand une navigation est heureuse. De ces effets, aucun n'arrive sans cause ; d'ailleurs rien n'arrive sans cause ; mais les causes de ce genre ne sont pas d'un effet infaillible.

63 De toutes ces causes, les unes sont permanentes, les autres non. La nature et l'art sont permanents, au contraire de toutes les autres. XVII Mais parmi celles qui ne sont pas permanentes, les unes sont manifestes, les autres cachées. Manifestes sont celles qui s'adressent à un désir de notre esprit ou à notre jugement, cachées celles qui dépendent du hasard. Quoique aucun effet ne se produise sans cause, on réserve le nom de hasard à l'événement produit par une cause obscure et dont l'action nous échappe. On peut dire encore que les effets se produisent tantôt à notre insu, tantôt par notre volonté : à notre insu quand ils sont dus à l'action du hasard, par notre volonté, quand ils sont dus à l'action d'un dessein réfléchi. **64** Lancer un trait est un acte de notre volonté, frapper quelqu'un qu'on ne visait pas l'acte du hasard. De là cette fameuse machine de guerre qui constitue l'armature de vos plaidoiries : « Si le trait a échappé de sa main, plutôt qu'il n'a été lancé ? » Dans le cas d'actions faites à notre insu et contre toute prévision, rentrent aussi les états d'agita-

sent abiegnae ad terram trabes », Argo illa facta non esset. Nec tamen fuit in his trabibus efficiendi uis necessaria. At cum in Aiacis nauim « crispisulcans igneum fulmen » iniectum est, inflammatur nauis necessario.

62 Atque etiam est causarum dissimilitudo, quod aliae sunt quae sine ulla appetitione animi, sine uoluntate, sine opinione, suum quasi opus efficiant, uelut ut omne intereat quod ortum sit ; aliae autem aut uoluntate efficiuntur aut perturbatione animi aut habitu aut natura aut arte aut casu ; uoluntate, ut tu cum hunc libellum legis ; perturbatione, ut si quis euentum horum temporum timeat ; habitu, ut qui facile et cito irascitur ; natura, ut uitium in dies crescat ; arte, ut bene pingat ; casu, ut prospere nauiget. Nihil horum sine causa, nec quidquam omnino ; sed huiusmodi causae non necessariae.

63 Omnium autem causarum in aliis inest constantia, in aliis non inest. In natura et in arte constantia est, in ceteris nulla. XVII Sed tamen earum causarum, quae non sunt constantes, aliae sunt perspicuae, aliae latent. Perspicuae sunt quae appetitionem animi iudiciumque tangunt ; latent, quae subiectae sunt fortunae. Cum enim nihil sine causa fiat, hoc ipsum est fortun*a* euentus *qui* obscura causa et latenter efficitur. Etiam ea quae fiunt partim sunt ignorata, partim uoluntaria, ignorata, quae fortuna effecta sunt, uoluntaria, quae consilio. **64** [Quae

ad terram trabes *ib.* 206 || accidissent *A*: ceci– *Of* || cum in—fulmen *Ribb. trag. inc. inc. 36* || nauim *Of* : nauem *A*
62 irascitur *O* : –catur *Af*
63 in arte *Af* : arte *O* || fortuna *Madvig* : –nae *Of* || qui *add. Madvig* || uoluntaria, quae consilio *clausula uitiosa*
64 Quae—uoluntaria *secl. Schuetz*

tion de l'âme : tout en étant volontaires, car une réprimande ou un avis peuvent les calmer, ils excitent en nous des mouvements si violents, que les actes de la volonté semblent parfois amenés par la nécessité ou du moins à notre insu.

65 Maintenant que tout ce lieu des causes est développé, on voit que leur caractère différent fournit une grande abondance d'arguments, du moins dans les grandes causes, lorsqu'elles sont traitées par des orateurs ou des philosophes ; dans celles que vous plaidez, ils sont peut-être moins nombreux mais plus précis. En effet les sentences des juges privés (1), dont dépendent les intérêts les plus considérables, me paraissent reposer sur la sagacité des jurisconsultes. Car on les voit fréquemment en justice, on leur demande conseil et ils dirigent les procédures (2) pour le compte des patrons diligents qui ont recours à leur expérience. **66** C'est ainsi que, pour toutes les actions dans la formule desquelles figure la clause : « d'après la bonne foi », ou celle-ci encore : « ainsi qu'on doit agir entre honnêtes gens », et surtout dans l'action arbitraire (3) de restitution de la dot, où l'on trouve ces mots : « ce qui est le plus équitable et le meilleur », les jurisconsultes doivent être bien préparés. Ce sont eux qui nous ont défini le dol, la bonne foi, ce qui est équitable et bon, les obligations de l'associé envers son associé, du gérant d'affaires envers celui dont les affaires ont été gérées, les obligations réciproques du mandant et du mandataire, celles d'un mari envers sa femme, d'une femme envers son mari. Donc, connaissant bien les lieux des causes, non seulement les orateurs et les philosophes, mais aussi les gens habiles dans l'art du droit pourront discuter avec abondance sur les questions qui leur seront posées.

(1) Ce sont eux qui rendaient la sentence.

(2) V. à la fin du volume.

(3) Où le *judex privatus* reçoit du magistrat des pouvoirs d'arbitre.

autem fortuna, uel ignorata uel uoluntaria]. Nam iacere telum, uoluntatis est, ferire quem nolueris, fortunae. Ex quo aries subicitur ille in uestris actionibus : « Si telum manu fugit magis quam iecit. » Cadunt etiam in ignorationem atque in imprudentiam perturbationes animi, quae quamquam sunt uoluntariae (obiurgatione enim et admonitione deiciuntur), tamen habent tantos motus ut ea quae uoluntaria sunt aut necessaria interdum aut certe ignorata uideantur.

65 Toto igitur loco causarum explicato, ex earum differentia in magnis quidem causis uel oratorum, uel philosophorum magna argumentorum suppetit copia ; in uestris autem, si non uberior, at fortasse subtilior. Priuata enim iudicia maximarum quidem rerum in iurisconsultorum mihi uidentur esse prudentia. Nam et adsunt multum et adhibentur in consilio et patronis diligentibus ad eorum prudentiam confugientibus hastas ministrant. **66** In omnibus igitur eis iudiciis, in quibus « ex fide bona » est additum, ubi [uero] etiam « inter bonos bene agier » inprimisque in arbitrio rei uxoriae, in quo est « aequius melius », parati eis esse debent. Illi enim dolum malum, illi fidem bonam, illi aequum bonum, illi quid socium socio, quid eum qui negotia aliena curasset ei cuius ea negotia fuissent, quid eum qui mandasset eumue cui mandatum esset alterum alteri praestare oporteret, quid uirum uxori, quid uxorem uiro, tradiderunt. Licebit igitur, diligenter cognitis argumentorum locis, non modo orato-

66 ubi etiam A : ubi uero etiam *Of* || argumentorum cognitis *O* : c. a. *Af*

Effets. XVIII **67** A ce lieu des causes se lie étroitement celui des effets des causes. En effet la cause indique l'effet ; de même l'effet révèle la cause. Ce lieu fournit ordinairement aux orateurs et aux poètes, souvent même aux philosophes, mais à ceux qui savent parler avec élégance et facilité, une abondance oratoire extraordinaire, lorsqu'ils annoncent les conséquences de chaque chose. En effet la connaissance des causes entraîne celle des effets.

Comparaison. Différents genres. **68** Reste le lieu de la comparaison ; j'en ai exposé plus haut (1) le caractère avec un exemple, comme pour tous les autres lieux. Je dois maintenant en expliquer l'usage. Je rappelle que l'on compare des choses qui sont dites plus grandes, plus petites ou égales ; on y considère le nombre, l'espèce, l'efficacité, et, dans certains cas, le rapport à d'autres choses.

69 En ce qui concerne le nombre, les comparaisons donnent la préférence à un plus grand nombre de biens sur un moins grand nombre, à un moins grand nombre de maux sur un plus grand nombre, à des biens plus durables sur des biens plus passagers, à des avantages étendus dans tous les sens sur des avantages restreints, à ceux enfin d'où résultent un plus grand nombre d'avantages et qu'un plus grand nombre d'hommes cherche à se procurer en les imitant.

Pour l'espèce, les comparaisons donnent la préférence aux avantages qui doivent être recherchés pour eux-mêmes sur ceux qui le sont pour une autre raison, aux avantages innés et naturels sur les avantages empruntés et étrangers, à ceux qui sont purs sur ceux qui présentent quelque tache, à ceux qui sont agréables sur ceux qui le sont moins, à l'honnête même sur l'utile, à l'aisé sur le difficile, au nécessaire sur ce qui ne l'est pas, à notre bien sur celui d'autrui, au rare sur le vulgaire, à ce dont on regrette la privation sur ce dont on peut aisément se passer, à ce qui est achevé sur ce qui est ébauché, au tout sur les

(1) Voir § 23.

ribus et philosophis sed iuris etiam peritis copiose de consultationibus suis disputare.

XVIII **67** Coniunctus huic causarum loco locus ille est qui efficitur ex causis. Vt enim causa effectum indicat, sic quod effectum est quae fuerit causa demonstrat. Hic locus suppeditare solet oratoribus et poetis, saepe etiam philosophis, sed eis, qui ornate et copiose loqui possunt, mirabilem copiam dicendi, cum denuntiant quid ex quaque re sit futurum. Causarum enim cognitio cognitionem euentorum facit.

68 Relicuus est comparationis locus, cuius genus et exemplum supra positum est, ut ceterorum ; nunc explicanda tractatio est. Comparantur igitur ea quae aut maiora aut minora aut paria dicuntur ; in quibus spectantur haec, numerus, species, uis, quaedam etiam ad res aliquas affectio.

69 Numero sic comparabuntur, plura bona ut paucioribus bonis anteponantur, pauciora mala malis pluribus, diuturniora bona breuioribus, longe et late peruagata angustis, ex quibus plura bona propagentur quaeque plures imitentur *u*t faciant.

Specie autem comparantur, ut anteponantur quae propter se expetenda sunt eis quae propter aliud, et ut innata atque insita assumptis atque aduenticiis, integra contaminatis, iucunda minus iucundis, honesta ipsis etiam utilibus, procliuia laboriosis, necessaria non necessariis, sua alienis, rara uulgaribus, desiderabilia eis quibus facile carere possis, perfecta inchoatis, tota partibus,

69 atque aduenticiis *Of* : et a. *A* || ut faciant *nos auct.*Boethio : et f. *codd.*

parties, aux choses raisonnables sur les déraisonnables, à celles qui dépendent de la volonté sur celles qui nous sont imposées, aux choses inanimées sur les animées, aux choses naturelles sur celles qui ne le sont pas, à ce qui est artistique sur ce qui ne l'est pas.

70 Quant à l'efficacité, voici comment on l'envisage dans les comparaisons : la cause efficiente l'emporte sur celle qui ne l'est pas ; les choses complètes par elles-mêmes sont préférables à celles qui ont besoin du concours d'autres choses, celles qui sont en notre pouvoir à celles qui sont au pouvoir des autres, celles qui sont stables à celles qui sont mal assurées, celles qui ne peuvent nous être enlevées à celles qui peuvent l'être.

Le rapport à certaines choses sera de la nature suivante : les intérêts des premiers citoyens l'emportent sur ceux des autres ; de même ceux qui sont le plus agréables, le plus généralement approuvés, loués par tous les gens vertueux. La comparaison fait apparaître ces intérêts comme meilleurs, et, par suite, comme moins bons ceux qui leur sont contraires.

71 Quand il s'agit de choses égales, la comparaison n'admet ni supériorité ni infériorité. : tout est sur le même plan. Mais il y a des cas où la comparaison s'impose justement parce qu'elles sont sur le même plan ; elle se présente généralement sous la forme suivante : « S'il est également digne d'éloges de prêter à ses concitoyens le secours de ses avis et de son bras, une gloire semblable doit être réservée à ceux qui nous donnent leurs avis et à ceux qui nous défendent. » La première proposition est exacte ; la seconde l'est aussi.

Maintenant les préceptes relatifs à la façon de trouver les arguments sont absolument complets : en effet, lorsqu'on s'est adressé à la définition, à la division, à l'étymologie, aux mots apparentés, aux genres, aux espèces, à la similitude, à la différence, aux notions contraires, à l'analogie, aux conséquents, aux antécédents, aux notions contradictoires, aux causes, aux effets, à la comparaison avec supériorité, infériorité, égalité, il ne faut pas chercher d'autre source d'arguments.

ratione utentia rationis expertibus, uoluntaria necessariis, animata inanimis, naturalia non naturalibus, artificiosa non artificiosis.

70 Vis autem in comparatione sic cernitur : efficiens causa grauior quam non efficiens ; quae se ipsis contenta sunt meliora quam quae egent aliis ; quae in nostra quam quae in aliorum potestate sunt ; stabilia incertis ; quae eripi non possunt eis quae possunt.

Adfectio autem ad res aliquas est huiusmodi : principum commoda maiora quam relicuorum; itemque quae iucundiora, quae pluribus probata, quae ab optimo quoque laudata. Atque ut haec in comparatione meliora, sic deteriora quae eis sunt contraria.

71 Parium autem comparatio nec elationem habet nec summissionem ; est enim aequalis. Multa autem sunt quae aequalitate ipsa comparantur ; quae ita fere concluduntur : Si consilio iuuare ciues et auxilio aequa in laude ponendum est, pari gloria debent esse ei qui consulunt et ei qui defendunt. At quod primum est. Quod sequitur igitur.

Perfecta est omnis argumentorum inueniendorum praeceptio, ut, cum profectus sis a definitione, a partitione, a notatione, a coniugatis, a genere, a forma, a similitudine, a differentia, a contrariis, ab adiunctis, a consequentibus, ab antecedentibus, a repugnantibus, a causis, ab effectis, a comparatione maiorum, minorum, parium, nulla praeterea sedes argumenti quaerenda sit.

70 ipsis *Of* : ipsa *A*
71 comparantur *Of* : -rentur *A* || et ei qui defendunt *clausula vitiosa* || at quod *Of* : et q. *A* atqui BOETHIVS

Lieux extrinsèques. Le témoignage et ses variétés.

XIX **72** Mais en établissant, au début de cet ouvrage (1), la division des lieux, nous disions que les uns se rattachaient étroitement au sujet en question — et nous en avons parlé suffisamment, — que les autres étaient pris en dehors du sujet ; nous allons parler brièvement de ces derniers, bien qu'ils n'aient aucun rapport avec vos discussions. Mais traitons le sujet dans toute son ampleur, puisque nous avons commencé. Aussi bien n'es-tu pas homme à ne trouver de charmes qu'au droit civil, et puisque cet ouvrage a été composé pour toi, mais de façon à pouvoir tomber aussi en d'autres mains, appliquons-nous à rendre le plus de services possible à ceux que charment les bonnes études.

73 Cette argumentation, qu'on appelle sans art (2) repose sur le témoignage et nous appelons ici témoignage tout ce qui est emprunté à une circonstance extérieure pour fonder la conviction. Mais on n'attache pas de poids à tout témoignage ; en effet, la conviction se fonde sur l'autorité, et l'autorité résulte de la nature ou des circonstances. L'autorité venant de la nature est contenue surtout dans la vertu ; comme circonstances interviennent de nombreuses considérations qui donnent de l'autorité, talent, richesse, âge, chance, beauté, art, expérience, force inéluctable et même quelquefois concours d'événements fortuits. En effet, les gens qui possèdent du talent, des richesses, et qui ont pour eux la garantie d'une vie longue, sont regardés comme dignes de créance. Peut-être n'est-ce pas avec juste raison, mais on ne saurait changer l'opinion du vulgaire et c'est elle qui règle toujours l'opinion de ceux qui ont à donner une sentence ou un avis. En effet, ceux qui se distinguent sous un des rapports que je viens d'indiquer semblent se distinguer par la vertu même. **74** Mais les autres circonstances aussi que je viens d'énumérer ont beau n'impliquer la vertu en aucune façon ; la conviction est fortifiée quel-

(1) § 8.
(2) Voir § 24.

XIX **72** Sed quoniam ita a principio diuisimus, ut alios locos diceremus in eo ipso de quo ambigitur haerere, de quibus satis est dictum, alios adsumi extrinsecus, de eis pauca dicamus, etsi ea nihil omnino ad uestras disputationes pertinent ; sed tamen totam rem perficiamus, quandoquidem coepimus. Neque enim tu is es quem nihil nisi ius ciuile delectet, et quoniam ad te haec ita scribuntur ut etiam in aliorum manus sint uentura, detur opera ut quam plurimum eis quos recta studia delectant prodesse possimus.

73 Haec ergo argumentatio quae dicitur artis expers, in testimonio posita est. Testimonium autem nunc dicimus omne quod ab aliqua re externa sumitur ad faciendam fidem. Persona autem non qualiscunque est testimoni pondus habet ; ad fidem enim faciendam auctoritas quaeritur ; sed auctoritatem aut natura aut tempus adfert. Naturae auctoritas in virtute *in*est maxima ; in tempore autem multa sunt quae adferant auctoritatem, ingenium, opes, aetas, fortuna, *forma*, ars, usus, necessitas, concursio etiam nonnumquam rerum fortuitarum. Nam et ingeniosos et opulentos et aetatis spatio probatos, dignos quibus credatur putant ; non recte fortasse, sed uulgi opinio mutari uix potest ad eamque omnia dirigunt et qui iudicant et qui existimant. Qui enim his rebus quas dixi excellunt, ipsa uirtute uidentur excellere. **74** Sed relicuis quoque rebus quas modo enumeraui, quamquam in his nulla species uirtutis est, tamen interdum confirmatur

72 ambigitur *Of* : –etur *A*
73 inest *A* : est *Of* ‖ maxima *Af* : –me *O* ‖ forma *addidimus auct.* BOETHIO

quefois, soit par l'art (car la science possède une grande force de persuasion), soit par l'expérience (car généralement on croit (1) ceux qui ont beaucoup vu).

XX La conviction est produite aussi par une force irrésistible, venant soit du corps soit de l'âme. En effet, le langage tenu par ceux qu'ont épuisés les verges, la question ou le feu (2), semble l'expression même de la vérité d'autre part, celui qui est arraché par des passions de l'âme, ressentiment, désir, colère, crainte, qui ont la puissance d'une force irrésistible, a de l'autorité et un pouvoir de conviction. **75** Dans le même groupe rentrent les circonstances qui servent quelquefois à trouver la vérité, âge tendre, sommeil, imprudence, ivresse, folie. Car de petits enfants ont souvent fourni des indications, n'en voyant pas la portée; le sommeil, le vin, la folie ont souvent aussi révélé bien des choses. Bien des gens également se sont perdus par leur imprudence : tel a été récemment le cas de Staienus (3), qui prononça des paroles écoutées à son insu par des gens dignes de foi placés de l'autre côté d'un mur : elles furent révélées, produites au tribunal et Staienus se vit faire application des dispositions légales concernant un crime capital. **76** Le concours de circonstances fortuites consiste par exemple dans la découverte par hasard d'actes ou de paroles destinés à rester secrets. Dans ce genre rentre aussi l'histoire bien connue de Palamède (4), contre lequel furent relevés mille indices pouvant le faire soupçonner de trahison ; ce genre d'apparences, la vérité même a quelquefois peine à l'écarter. Il comprend aussi le bruit public, sorte de témoignage de la multitude.

Lorsque les témoignages fondant la conviction reposent sur la vertu, ils sont de deux sortes : ils tirent leur force les uns de leur propre nature, les autres d'une valeur

(1) Allusion au proverbe *experto crede.*

(2) Les formes de la torture autres que les verges et les brûlures au moyen d'un fer ardent.

(3) Personnage peu recommandable, convaincu de corruption; dans le procès d'Oppianicus, v. *pro Cluentio*, 66, 68 et *passim.*

(4) Voir à la fin du volume.

fides, si aut ars quaedam adhibetur (magna est enim uis ad persuadendum scientiae) aut usus (plerumque enim creditur eis, qui experti sunt).

XX Facit etiam necessitas fidem, quae tum a corporibus, tum ab animis nascitur. Nam et uerberibus, tormentis, igni fatigati quae dicunt, ea uidetur ueritas ipsa dicere, et quae perturbationibus animi, dolore, cupiditate, iracundia, metu, quia necessitatis uim habent, afferunt auctoritatem et fidem. **75** Cuius generis etiam illa sunt ex quibus nonnumquam uerum inuenitur, pueritia, somnus, imprudentia, uinolentia, insania. Nam et parui saepe indicauerunt aliquid, quo id pertineret ignari, et per somnum, uinum, insaniam, multa saepe patefacta sunt. Multi etiam in res odiosas imprudentes inciderunt, ut Staieno nuper accidit, qui ea locutus est, bonis uiris subauscultantibus pariete interposito, quibus patefactis in iudiciumque prolatis, ille rei capitalis iure damnatus est. [Huic simile quiddam de Lacedaemonio Pausania accepimus.] **76** Concursio autem fortuitorum talis est, ut si interuentum est casu, cum aut ageretur aliquid, quod proferendum non esset, aut diceretur. In hoc genere etiam illa est in Palamedem coniecta suspicionum proditionis multitudo ; quod genus refutare interdum ueritas uix potest. Huius etiam generis est fama uulgi, quoddam multitudinis testimonium.

Quae autem uirtute fidem faciunt, ea bipertita sunt, ex quibus alterum natura ualet, alterum industria. Deorum enim uirtus natura excellit, hominum autem indus-

75 imprudentia *Of* : -tes *A* || Huic—accepimus *secl. Friedrich.*

adventice. C'est la vertu des dieux qui est éminente par sa nature propre, celle des hommes par une valeur adventice. **77** Voici à peu près les témoignages divins : les paroles (1) (en effet les oracles tirent précisément leur nom de ce qu'ils expriment les paroles des dieux), puis les choses qui renferment pour ainsi dire une action de la divinité, d'abord le monde même, avec tout son ordre et sa beauté, le vol des oiseaux dans l'air et leur chant, puis les bruits qui se font entendre dans cet air, ses flammes (2), les présages que sur la terre fournissent de nombreux indices, les moyens aussi de prévoir l'avenir qu'on découvre dans les entrailles, ainsi que les nombreuses indications fournies par les images vues dans le sommeil. C'est à ces lieux que l'on emprunte ordinairement les témoignages des dieux pour établir la conviction. **78** Pour les hommes, c'est l'opinion de leur vertu qui a le plus de valeur. Or cette opinion accorde la réputation de vertu, non seulement à ceux qui possèdent la vertu, mais à ceux qui semblent la posséder. Aussi quand elle voit des hommes en qui elle trouve le talent, le goût du travail, la science, des hommes à la vie sans faiblesse et sans critique, comme Caton, Lélius, Scipion et plusieurs autres, elle les considère comme des modèles à imiter. Et elle ne donne pas ce suffrage seulement à ceux qui ont obtenu les honneurs publics et une part dans le gouvernement ; orateurs, philosophes, poètes, historiens aussi voient l'autorité de leurs paroles et de leurs écrits invoquée souvent pour fonder la conviction.

Les lieux à employer varient avec les questions à traiter.

XXI **79** Maintenant que nous avons exposé tous les lieux de l'argumentation, il faut comprendre, d'abord qu'il n'y a aucune discussion qui n'en comporte quelqu'un, qu'il est exceptionnel que tous se rencontrent à propos de toutes les questions à traiter, et que, suivant les questions, tels ou tels lieux conviennent mieux.

(1) *Oracula* et *oratio* se rattachent à la même racine ; on ne peut en français rendre le rapprochement.

(2) Il s'agit des météores.

tria. **77** Diuina haec fere sunt testimonia, primum orationis (oracula enim ex eo ipso appellata sunt quod inest *in* his deorum oratio), deinde rerum in quibus insunt quasi opera diuina quaedam, primum ipse mundus eiusque omnis ordo et ornatus, deinceps aerii uolatus auium atque cantus, deinde eiusdem aeris sonitus et ardores, multarumque rerum in terra portenta atque etiam per exta inuenta praesensio, a dormientibus quoque multa significata uisis. Quibus ex locis sumi interdum solent ad fidem faciendam testimonia deorum. **78** In homine uirtutis opinio ualet plurimum. Opinio autem est non modo eos uirtutem habere qui habeant, sed eos etiam qui habere uideantur. Itaque quos ingenio, quos studio,quos doctrina praeditos uident quorumque uitam constantem et probatam, ut Catonis, Laeli, Scipionis aliorumque plurium, rentur eos esse quales seipsi uelint. Nec solum eos censent esse talis qui in honoribus populi reque publica uersantur, sed et oratores et philosophos et poetas et historicos ; ex quorum et dictis et scriptis saepe auctoritas petitur ad faciendam fidem.

XXI **79** Expositis omnibus argumentandi locis, illud primum intellegendum est nec ullam esse disputationem in qua non aliquis locus incurrat, nec fere omnis locos incidere in omnem disputationem, et quibusdam quaestionibus alios esse aptiores locos.

Quaestionum duo genera, alterum infinitum, definitum alterum. Definitum est quod ὑπόθεσιν Graeci, nos

77 in his A : his *Of*
79 in qua *Of* : in quam *A* ‖ alterum infinitum definitum alterum *Of* : a. d. a. i. *A*

Parmi ces questions, on distingue deux genres, l'un déterminé, l'autre indéterminé. Celui qui est déterminé est appelé par les Grecs ὑπόθεσις, par nous cas spécial ; celui qui est indéterminé est appelé par eux θέσις et nous pouvons le nommer proposition générale (1).

80 La cause particulière porte sur des personnes, des lieux, des époques, des actions, des circonstances déterminés, tous ou la plupart ; la proposition générale n'est déterminée que sur un ou plusieurs points, mais non les plus importants. Aussi la cause particulière n'est-elle qu'une partie de la proposition générale, et toute question renferme quelqu'une des circonstances qui constituent les causes particulières, une, plusieurs ou quelquefois toutes.

81 Les questions indéterminées sont de deux sortes : questions de théorie et questions de pratique. **82** Les questions de théorie sont celles dont le but est tout spéculatif, par exemple quand on demande si le droit dérive de la nature ou bien d'une certaine condition des hommes et de la convention. Comme type des questions de pratique nous citerons : « Convient-il à un sage de se mêler aux affaires publiques ? »

Les questions de théorie sont de trois genres : on cherche si la chose est, quelle est sa nature ou quelle est sa qualité. On traite ces différents points, le premier par la conjecture, le second par la définition, le troisième par la distinction du juste et de l'injuste.

La question conjecturale se divise en quatre parties, où l'on recherche d'abord si une chose existe, puis quelle est son origine, en troisième lieu la cause qui l'a produite, en quatrième lieu les changements qu'elle peut subir. Une chose existe-t-elle ? Exemple : y a-t-il des choses honnêtes en soi, justes en soi ; ou ces notions ne reposent-elles que sur une opinion variable ? L'origine ? Exemple : quand on cherche si c'est la nature ou l'instruction qui donne la vertu. Pour la cause efficiente, on cherchera de

(1) Dans les *Partitiones*, Cicéron se sert de *causa* dans le même sens, mais, au lieu de *propositum*, il emploie *consultatio* ; v. index des mots et locutions latines techniques.

causam ; infinitum, quod θέσιν illi appellant, nos propositum possumus nominare.

80 Causa certis personis, locis, temporibus, actionibus, negotiis cernitur, aut in omnibus, aut in plerisque eorum ; propositum autem aut in aliquo eorum aut in pluribus, nec tamen in maximis. Itaque proposit*i* pars est caus*a* e*t* omnis quaestio earum aliqua de re est, quibus caus*a* continentur, aut una aut pluribus aut nonnumquam omnibus.

81 Quaestionum autem, quacumque de re, s*u*nt duo genera [sunt], unum cognitionis, alterum actionis. **82** Cognitionis sunt eae, quarum finis est scientia, ut si quaeratur a naturane ius profectum sit an ab aliqua quasi conditione hominum et pactione. Actionis autem huiusmodi exempla sunt : « Sitne sapientis ad rem publicam accedere. »

Cognitionis quaestiones tripertitae sunt ; aut sitne aut quid sit aut quale sit quaeritur. Horum primum coniectura, secundum definitione, tertium iuris et iniuriae distinctione explicatur.

Coniecturae ratio in quattuor partes distributa est, quarum una est, cum quaeritur sitne aliquid, altera, unde ortum sit, tertia, quae id causa effecerit, quarta, in qua de mutatione rei quaeritur. Sit*ne* [necne] sic : Ecquidnam sit honestum, ecquid aequum re vera an haec tan-

80 Causa certis—eorum *habet* Quint. *I. O. 3, 6, 18* || propositi *nos* : - tum *codd.* || causa *nos* : causae *codd.* || et *nos* : sed *codd.* || autem aut *O* : autem *Af*

81 sunt *d* : sint *OfA* || sunt *secl. Friedrich* || alterum actionis *clausula vitiosa*

82 Sitne sic *Friedrich* : sitne necne sit *A* sit necne sit *Of* || sic *Of* : sit *A* || sint *om. O*

quels éléments est faite (1) l'éloquence. Pour le changement, exemple : est-il possible que, par un changement quelconque, un homme éloquent puisse devenir incapable de parler ?

XXII **83** Lorsqu'on cherche quelle est la nature d'une chose, il faut en dégager le concept, le caractère propre, les éléments et les parties. Tout cela rentre dans la définition. On y ajoute encore le portrait, que les Grecs appellent χαρακτήρ. Pour le concept, on cherche, par exemple, si le juste est ce qui est utile au plus puissant ; pour le caractère propre, si le chagrin affecte seulement l'homme ou aussi les animaux. Pour la décomposition en éléments et aussi en parties, exemple : y a-t'il trois genres de biens ? Portrait: qu'est-ce qu'un avare ? qu'est-ce qu'un flatteur ? et autres sujets du même genre où l'on trace le portrait d'après la nature et la réalité vivante.

84 Cherche-t-on la qualité d'une chose, on examine cette chose soit en elle-même, soit par comparaison. En elle-même : faut-il rechercher la gloire ? Par comparaison : faut-il préférer la gloire aux richesses ? Quand on considère une chose en elle-même, il y a trois façons de l'envisager : est-elle à rechercher ou à fuir ? est-elle juste ou injuste ? est-elle belle ou honteuse ? Pour la comparaison, il y a deux modalités, l'une par ressemblance et différence, l'autre par supériorité et infériorité. Une chose est-elle à rechercher ou à fuir ? Exemple : faut-il rechercher les richesses, faut-il fuir la pauvreté ? Est-elle juste ou injuste ? Est-il juste de se venger de celui dont on a reçu une injure ? Est-elle belle ou honteuse ? Est-il beau de mourir pour la patrie ? **85** En ce qui touche l'autre façon(2) <d'examiner une chose>, qui, avons-nous dit, comporte deux modalités, l'une procède par ressemblance et différence : comparaison entre l'ami et le flatteur, le roi et le tyran ; l'autre par supériorité et infériorité, par exemple

(1) Nous n'avons pu rendre le rapprochement latin *efficiens-efficiatur*.

(2) Par comparaison.

tum in opinione sint. Vnde autem sit ortum, ut cum quaeritur, natura an doctrina possit effici uirtus. Causa autem efficiens sic quaeritur : Quibus rebus eloquentia efficiatur. De commutatione sic : Possitne eloquentia commutatione aliqua conuerti in infantiam.

XXII **83** Cum autem quid sit quaeritur, notio explicanda est et proprietas et diuisio et partitio. Haec enim sunt definitioni attributa ; additur etiam descriptio, quam Graeci χαρακτῆρα uocant. Notio sic quaeritur : Sitne id aequum quod ei qui plus potest utile est. Proprietas sic : In hominemne solum cadat an etiam in beluas aegritudo. Diuisio et eodem pacto partitio sic : Triane genera bonorum sint. Descriptio : Qualis sit auarus, qualis [sit] adsentator ceteraque eiusdem generis, in quibus natura et uita describitur.

84 Cum autem quaeritur quale quid sit, aut simpliciter quaeritur aut comparate. Simpliciter : Expetendane sit gloria? Comparate : Praeponendane sit diuitiis gloria ? Simplicium tria genera sunt, de expetendo fugiendoque, de aequo et iniquo, de honesto et turpi. Comparationum autem duo, unum de eodem et alio, alterum de maiore et minore. De expetendo et fugiendo, huiusmodi : Si expetendae diuitiae, si fugienda paupertas? De aequo et iniquo : Aequumne sit ulcisci a quocumque iniurium acceperis? De honesto et turpi : Honestumne sit pro patria mori ? **85** Ex altero autem genere, quod erat bipertitum, unum est de eodem et alio, ut si quaeratur quid intersit inter amicum et adsentatorem, regem

83 partitio sic *Of* : partitio *A* || adsentator *Of* : sit a. *A* || et natura *Of* : natura *A*

si l'on se demande : doit-on faire plus de cas de l'éloquence ou de la science du droit civil ? Voilà pour les questions de théorie.

86 Restent les questions de pratique : elles se divisent en deux genres, relatifs, l'un aux devoirs, l'autre à l'agitation de l'âme qu'il faut exciter, calmer ou extirper radicalement. Aux devoirs, quand on cherche par exemple s'il faut élever ses enfants. Exciter les âmes, ce serait exhorter à la défense de la république, à l'honneur, à la gloire ; dans ce genre rentrent les reproches, les mouvements passionnés, la pathétique et ses larmes ; s'y oppose le langage qui apaise la colère, qui dissipe la crainte, qui réprime les transports de joie, qui efface la tristesse. Tous ces développements appartiennent aux questions qui se posent dans les propositions générales ; ils s'appliquent également aux causes particulières.

Lieux propres aux différentes causes.

XXIII **87** Les lieux propres à chacune des questions doivent successivement être passés en revue. Tous ceux que j'ai énumérés conviennent bien à la plupart des questions, mais mieux toutefois à telle ou telle, comme je l'ai dit (1).

Aux questions conjecturales conviennent surtout ceux qui peuvent être tirés soit des causes, soit des effets, soit des rapports nécessaires.

Pour définir < la nature d'un fait > , il faut employer la méthode rationnelle de la définition. A ce cas se rattache celui qui, nous l'avons dit (2), s'appelle la ressemblance et la différence, parce que c'est, en quelque sorte, une espèce de la définition : demande-t-on, en effet, si l'obstination et la persévérance sont une même chose, c'est par les définitions qu'on doit en décider. **88** Les lieux qui conviendront à une question de ce genre sont les conséquents, les antécédents, les notions contradictoires ; ils s'ajoutent à ceux qui sont tirés des causes et des effets. Car si telle chose en suit telle autre, elle n'en suit pas une troi-

(1) Cf. § 79.
(2) § 84.

et tyrannum. Alterum de maiore et minore, ut si quaeratur eloquentiane pluris sit an iuris ciuilis scientia. De cognitionis quaestionibus hactenus.

86 Actionis relicuae sunt, quarum duo sunt genera, unum ad officium, alterum ad motum animi uel gignendum uel sedandum planeue tollendum. Ad officium sic, ut cum quaeritur suscipiendine sint liberi ? Ad mouendos animos cohortationes ad defendendam rem publicam, ad laudem, ad gloriam, quo ex genere sunt querellae, incitationes miserationesque flebiles, rursusque oratio cum iracundiam restinguens, tum metum eripiens, tum exsultantem laetitiam comprimens, tum aegritudinem abstergens. Haec cum in proposit*i* quaestionibus genera sint, eadem in causas transferuntur.

XXIII **87** Loci autem qui ad quasque quaestiones accommodati sint, deinceps est uidendum. Omnes illi quidem ad plerasque sunt, sed alii ad alias, ut dixi, aptiores.

Ad coniecturam igitur maxime apta quae ex causis, quae ex effectis, quae ex coniunctis sumi possunt.

Ad definitionem autem pertinet ratio et scientia definiendi. Atque huic generi finitimum est illud, quod appellari de eodem et de altero diximus, quod genus forma quaedam definitionis est. Si enim quaeratur idemne sit pertinacia et perseuerantia, definitionibus iudicandum est. **88** Loci autem conuenient in eius generis quaestio nem consequentis, antecedentis, repugnantis, adiunct etiam *e*is, qui sumuntur ex causis et effectis. Nam si

86 propositi *Hammer* : –tis *codd.*
87 sumi possunt *clausula uitiosa* || eodem et de *Af* : eodem *O*
88 eis *B*[1] : his *O* hi *fB*[2] ei *et septem literarum rasura A*

sième ; si elle précède telle autre, elle n'en précède pas une troisième ; si elle est en contradiction avec celle-ci, elle ne l'est pas avec celle-là ; ou si cette chose-ci a telle cause, celle-là en a une autre ; ou si telle cause produit tel effet, telle autre cause produit un effet différent : tous ces lieux indifféremment permettent de trouver ce que l'on cherche, <à savoir> s'il y a identité ou différence.

89 A l'égard du troisième genre de questions, où l'on cherche la qualité d'une chose, pour les comparaisons l'on retrouve l'emploi des arguments que j'ai énumérés un peu plus haut (1), en traitant le lieu de la comparaison. Dans le lieu où l'on se demande ce qu'il faut rechercher et fuir, on invoque ce qui est relatif à l'âme, au corps, aux objets extérieurs, avantages ou inconvénients. De même, quand l'on se demande ce qui est beau ou honteux, ce sont les qualités ou les défauts de l'âme qui doivent fournir exclusivement le fond du discours. **90** Lorsque c'est sur le juste et l'injuste que l'on disserte, c'est aux lieux communs de l'équité que l'on aura recours. Ils se divisent en deux groupes : droit naturel et institutions. Le droit naturel comprend deux parties : attribuer à chacun ce qui lui appartient et venger les offenses. Les institutions fondées sur l'équité se divisent en trois groupes : les premiers résultent de la loi, les secondes des conventions, les troisièmes de la coutume maintenue pendant assez longtemps (2).

XXIV C'est assez parler de la proposition générale. Nous allons traiter moins longuement de la cause particulière, car presque toutes les règles y sont les mêmes que pour la proposition générale.

91 Il y a trois genres de causes, judiciaire, délibératif, laudatif. Leur objet même indique les lieux dont on doit se servir. En effet dans le genre judiciaire l'objet est le droit (*ius*) dont il tire même son nom. Les parties du droit ont été exposées à propos de l'équité (3). Dans la déli-

(1) § 68 sqq.
(2) Cf § 31, note sur les sources du droit.
(3) Voir § 90.

hanc rem illa sequitur, hanc autem non sequitur; aut si huic rei illa antecedit, huic non antecedit; aut si huic rei repugnat, illi non repugnat; aut, si huius rei haec, illius alia causa est; aut si ex alio hoc, ex alio illud effectum est; ex quouis horum id de quo quaeritur, idemne an aliud sit, inueniri potest.

89 Ad tertium genus quaestionis, in quo quale sit quaeritur, in comparationem ea cadunt quae paulo ante in comparationis loco enumerata sunt. In illud autem genus, in quo de expetendo fugiendoque quaeritur, adhibentur ea quae sunt aut animi aut corporis aut externa, uel commoda uel incommoda. Itemque cum de honesto turpique quaeritur, ad animi bona aut mala omnis oratio dirigenda est. **90** Cum autem de aequo et iniquo disseritur, aequitatis loci conligentur. Hi cernuntur bipertito, et natura et instituto. Natura partes habet duas, tributionem sui cuique et ulciscendi ius. Institutio autem aequitatis tripertita est; una pars legitima est, altera conueniens, tertia moris uetustate firmata. [Atque etiam aequitas tripertita dicitur esse, una ad superos deos, altera ad manes, tertia ad homines pertinere. Prima pietas, secunda sanctitas, tertia iustitia aut aequitas nominatur.]

XXIV De proposito satis multa: deinceps de causa pauciora dicenda sunt; pleraque enim sunt ei cum proposito communia.

91 Tria sunt igitur genera causarum, iudici, deliberationis, laudationis. Quarum fines ipsi declarant quibus utendum locis sit. Nam iudici finis est ius, ex quo etiam

90 tributionem *Af*: tuitionem *O* || Atque—nominatur *secl. Schuetz*
91 igitur *om. O*

bération l'objet est l'utilité; les parties sont celles que j'ai exposées un peu plus haut (1). Dans le genre laudatif l'objet est la beauté morale dont il a également été question (2).

92 Mais les questions déterminées ont chacune leur arsenal de lieux qui leur appartiennent pour ainsi dire en propre... elles se partagent en accusation et défense. On y relève les cas suivants. L'accusateur reproche à l'accusé un fait ? Le défenseur oppose un des trois moyens que voici : le fait n'a pas eu lieu, ou, s'il a eu lieu, il ne mérite pas le nom qu'on lui donne, ou il est légitime. Aussi pourrait-on appeler la première question négative ou conjecturale, la deuxième question de définition, la troisième, si lourd que soit le mot, on pourrait la nommer juridiciaire (3). XXV Les arguments propres à ces causes et tirés des lieux que nous avons passés en revue sont exposés dans les préceptes de l'art oratoire.

93 La réfutation de l'accusation, qui renferme les moyens de défense, s'appelle en grec στάσις ; on pourra donc employer en latin le mot *status* (position) ; c'est le terrain sur lequel se place d'abord la défense quand elle va en venir aux mains comme pour repousser l'attaque. Dans le genre délibératif aussi et le genre laudatif on trouve les mêmes positions. Souvent, en effet, lorsqu'un orateur, donnant son avis, prétend qu'une chose arrivera, on le nie, parce que la réalisation en est absolument impossible ou se heurte à de très grands obstacles ; ce mode d'argumentation implique l'état conjectural. **94** Lorsqu'on disserte sur l'utilité, l'honnêteté, l'équité ou leurs contraires, on trouve aussi les états portant sur une question de droit ou sur un mot .De même dans le genre laudatif : car on peut nier l'existence d'un fait qui mérite d'être

(1) Voir § 84.

(2) Cicéron semble renvoyer au § 76.

(3) C'est apparemment le mot grec δικαιολογικόν, que Cicéron traduit ainsi.

nomen. Iuris autem partes tum expositae, cum aequitatis. Deliberandi finis utilitas, cuius eae partes quae modo expositae [rerum expetendarum]. Laudationis finis honestas, de qua item est ante dictum.

92 Sed definitae quaestiones a suis qu*ae*que locis quasi propriis inst*r*uuntur ... *quae* in accusationem defensionemque partitae ; in quibus exsistunt haec genera, ut accusator personam arguat facti, defensor aliquid opponat de tribus, aut non esse factum, aut si sit factum, aliud eius facti nomen esse, aut iure esse factum. Itaque aut infitialis aut coniecturalis prima appelletur, definitiua altera, tertia, quamuis molestum nomen hoc sit, iuridicialis uocetur. XXV Harum causarum propria argumenta, ex iis sumpta locis quos exposuimus, in praeceptis oratoriis explicata sunt.

93 Refutatio autem accusationis, in qua est depulsio criminis, quoniam Graece στάσις dicitur, Latine appelletur status ; in quo primum insistit quasi ad repugnandum congressa defensio. Atque in deliberationibus etiam et laudationibus idem exsistunt status. Nam et negantur saepe ea futura, quae ab aliquo in sententia dicta sunt fore, si aut omnino fieri non possint aut sine summa difficultate non possint; in qua argumentatione status coniecturalis exsistit. **94** A*u*t cum aliquid de utilitate, honestate, aequitate disseritur, deque iis rebus quae iis sunt

rerum expetendarum *secl. Friedrich*
92 quaeque *A* : quoque *Of* || instruuntur *A* : institu- *Of* || *Post* instruuntur *aliquid excidisse docet Kayser* || quae *om. Of* || sit factum *Of* : f. s. *A*
93 in quo—defensio *habet* QUINT. *I. O. 3. 6, 13.*
94 Aut *Friedrich* : at *codd.*

loué, ou bien soutenir qu'on ne doit pas lui donner le nom que lui a donné celui qui le loue, ou qu'il ne mérite nullement d'être loué, n'étant ni bien ni légitime. Tous ces genres d'arguments, César les a employés, avec un peu trop d'impudence, pour réfuter mon *Caton* (1).

95 Mais le conflit auquel donne lieu la position, et que les Grecs nomment κρινόμενον (2), j'aime mieux, puisqu'aussi bien je m'adresse à toi, l'appeler « le point litigieux » (3). Les parties sur lesquelles repose essentiellement le point litigieux, on peut les nommer parties essentielles ; c'est en quelque sorte l'armature de la défense, car si on les supprime elle s'écroule.

Mais comme, dans la discussion des procès, il ne doit pas y avoir d'étai plus sûr que la loi, il faut tâcher que la loi nous prête son secours et son témoignage. Ici se présentent pour ainsi dire de nouvelles positions, qu'on appelle discussions sur le texte de la loi. **96** En effet tantôt le défendeur soutient que la loi dit non pas ce que prétend l'adversaire, mais autre chose. C'est le cas lorsque la rédaction est ambiguë et semble pouvoir offrir deux sens différents. Tantôt, à la rédaction, il oppose l'intention du rédacteur, ce qui conduit à chercher si l'on doit attacher plus d'importance aux mots ou au sens. Tantôt il oppose à la loi une loi contraire. Tels sont les trois moyens de discussion que l'on peut soulever à propos de tout texte écrit (4) : ambiguïté des termes, désaccord de la rédaction et de l'intention, textes contraires. XXVI On voit déjà que non seulement les lois, mais aussi les testaments, les stipulations et toute action reposant sur un texte écrit peuvent soulever des discussions de ce genre. La manière

(1) Cicéron, après le suicide de Caton (46), avait publié un éloge de Caton, lequel avait eu un grand succès. César, alors en Espagne, chargea Hirtius de répondre, puis le fit lui-même en deux *Anticatones* successifs.

(2) « Ce qui est à juger. »

(3) Expression toute faite de la langue juridique.

(4) Il ne nous a pas été possible de traduire partout *scriptum* de la même façon.

contrariae, incurrunt status aut iuris aut nominis. Quod idem contingit in laudationibus ; nam aut negari potest id factum esse quod laudetur, aut non eo nomine adficient dum quo laudator adfecerit, aut omnino non esse laudabile quod non recte non iure factum sit. Quibus omnibus generibus usus est nimis impudenter Caesar contra Catonem meum.

95 Sed quae ex statu contentio efficitur, eam Graeci κρινόμενον uocant ; mihi placet id, quoniam quidem ad te scribo, qua de re agitur uocari. Quibus autem hoc, qua de re agitur, continetur, haec continentia uocentur, quasi firmamenta defensionis, quibus sublatis defensio nulla sit.

Sed quoniam lege firmius in controuersiis disceptandis esse nihil debet, danda est opera ut legem adiutricem et testem adhibeamus. In qua re alii quasi status exsistunt noui, qui appellantur legitimae disceptationes. **96** Tum enim defenditur non id legem dicere quod aduersarius uelit, sed aliud. Id autem contingit cum scriptum ambiguum est, ut duae sententiae differentes accipi possint. Tum opponitur scripto uoluntas scriptoris, ut quaeratur uerbane plus an sententia ualere debeant. Tum legi lex contraria adfertur. Ista sunt tria genera, quae controuersiam in omni scripto facere possunt, ambiguum, discrepantia scripti et uoluntatis, scripta contraria. XXVI Iam hoc perspicuum est, non magis in legibus quam in testamentis, in stipulationibus, in relicuis

95 uocant *Of* : appellant *A* || continentia, quasi—nulla sit *habet* Quint. *I. O. 3, 11, 18.*
96 ista *OA*[2]*f* : ita *A*[1] || possunt *Of* : possint *A*

de les traiter est developpée dans d'autres ouvrages (1).
97 Ce ne sont pas seulement les plaidoyers entiers, mais les parties d'un discours qui empruntent l'aide de ces lieux, dont les uns sont propres à telle ou telle cause et les autres communs à toutes. Par exemple l'exorde doit viser à rendre les auditeurs bienveillants, dociles et attentifs, cela par des lieux qui lui sont propres. Il en est ainsi des narrations, afin qu'elles répondent à leur but, c'est-à dire qu'elles soient claires, brèves, dignes de foi, vraisemblables, naturelles, pleines de noblesse. Ces qualités doivent se trouver dans tout le discours, mais conviennent plus spécialement à la narration. **98** La partie qui suit la narration, la preuve, est faite de persuasion ; les lieux les plus efficaces pour persuader ont été exposés à propos de la façon de parler en général (2). La péroraison, entre autres lieux spéciaux, emploie surtout l'amplification, dont l'effet doit être d'exciter ou de calmer les âmes, et, si elles sont déjà dans ces dispositions, le discours doit augmenter cette émotion ou l'affaiblir. **99** Sur la manière d'exciter la pitié, la colère, la haine, l'envie et tous les autres sentiments de l'âme, les règles sont exposées dans d'autres livres que tu pourras lire avec moi quand tu le désireras.

Conclusion. Mais si j'ai compris ce que tu désirais, je dois avoir amplement satisfait à tes désirs. **100** En effet, afin de ne rien omettre de ce qui regarde toutes les manières de trouver les arguments, j'ai embrassé plus de détails que tu ne le demandais, et j'ai fait comme souvent ces vendeurs généreux, qui, après s'être réservé (3), dans la vente d'une maison ou d'un fonds de terre, tous les meubles susceptibles d'être

(1) Surtout dans le *de Inventione*, livre II, chap. 40-49.
(2) Cicéron semble se référer aux §§ 6-24.
(3) Pour *rutis caesis*, cf. page 42, n° 4. La propriété est vendue dans l'état où elle sera lorsque le vendeur aura repris les objets réservés : de là l'expression *receptis*.

rebus quae ex scripto aguntur, posse controuersias easdem exsistere. Horum tractationes in aliis libris explicantur.

97 Nec solum perpetuae actiones, sed etiam partes orationis iisdem locis adiuuantur, partim propriis, partim communibus ; ut in principiis, quibus ut beneuoli, ut dociles, ut attenti sint qui audiunt, efficiendum est propriis locis. Itemque narrationes, ut ad suos fines spectent, id est ut planae sint, ut breues, ut euidentes, ut credibiles, ut moratae, ut cum dignitate. Quae quamquam in tota oratione esse debent, magis tamen sunt propria narrandi. **98** Quae autem sequitur narrationem fides, ea persuadendo quoniam efficitur, qui ad persuadendum loci maxime ualeant, dictum est in eis in quibus de omni ratione dicendi. Peroratio autem et alia quaedam habet et maxime amplificationem, cuius effectus is debet esse, ut aut perturbentur animi aut tranquillentur, et, si ita iam affecti ante sunt, ut augeat eorum motus aut sedet oratio. **99** Huic generi, in quo et misericordia et iracundia et odium et inuidia et ceterae animi adfectiones perturbantur, praecepta suppeditantur aliis in libris, quod poteris mecum legere, cum uoles.

Ad id autem quod te uelle senseram, cumulate satisfactum esse debet uoluntati tuae. **100** Nam ne praeterirem aliquid quod ad argumentum in omni ratione reperiendum pertineret, plura quam a te desiderata erant

97 moratae *edd. vett. cf.* Quint. *I. O. 4,* 2,*64* : moderata *codd.*
98 sequitur *O* : consequitur *Af* || aut augeat *f* : adaugeat *A* augeat *O*
99 et iracundia *f* : iracundia *AO* || in libris A^2 : libris A^1Of || mecum legere, cum uoles *clausula vitiosa*

enlevés, font cependant à l'acheteur la concession de lui en laisser tels ou tels, qui, pour l'ornement, semblent particulièrement utiles et à leur place. De même nous, à ce dont nous nous sentions obligés (1) de te transmettre pour ainsi dire la propriété, nous avons tenu à ajouter quelques ornements qui ne rentraient pas dans notre stricte obligation.

(1) Cf. § 4

sum complexus fecique quod saepe liberales uenditores solent, ut, cum aedes fundumue uendiderint, rutis caesis receptis, concedant tamen aliquid emptori quod ornandi causa apte et loco positum esse uideatur. Sic tibi nos ad id quod quasi mancipio dare debuimus, ornamenta quaedam uoluimus non debita accedere.

NOTES SUPPLÉMENTAIRES

Page 70.

Note II (§ 10).— Le maître et l'esclave comparaissent devant le magistrat, assistés d'un tiers citoyen et simulent un procès concernant l'état civil de l'esclave. Le tiers prétend qu'il est homme libre et revendique sa liberté en le touchant avec une baguette, *vindicta*. A cette revendication, le maître n'oppose aucune contradiction. Le maître et l'esclave étant d'accord, le magistrat sanctionne cet accord en déclarant l'esclave libre (Lefas).

Note IV (§ 10). — Certaines actions de la loi ne laissaient pas à l'homme revendiqué, soit comme esclave, soit comme débiteur insolvable *(iudicatus)*, la possibilité de se défendre lui-même. Il fallait qu'un tiers *(vindex)* consentît à jouer le rôle de défendeur au procès (Lefas).

Note V (§ 10).— Sans doute Sex. Aelius Paetus Catus, consul en 198, censeur en 194. Il avait publié un ouvrage, dont une des parties était consacrée à commenter la Loi des XII Tables. — Il est à peine besoin de dire que cette étymologie d'*assiduus* est purement fantaisiste.

Page 71.

Note I (§ 14).— Le mariage, accompagné ou suivi de la *conventio in manum mariti*, faisait entrer la femme dans la famille de son mari, sous la puissance légale du *paterfamilias*.

Note II (§ 15). — L'*heres* est chargé de la délivrance

des legs, ce qui pose la question de savoir où s'arrête son obligation à l'égard du légataire d'un usufruit.

NOTE IV (§ 18). — La femme qui a toujours été libre *(ingenua)* continue, à l'époque de Cicéron, à ne pas pouvoir tester. Mais l'affranchie y est autorisée. D'où ce détour, imaginé pour permettre aux femmes ingénues de tester : faire simuler une vente de la femme ingénue, suivie de son affranchissement par le prétendu acheteur. Tel est le changement d'état *(capitis deminutio)*, auquel Cicéron fait allusion, comme condition préalable du testament (Lefas).

PAGE 73.

NOTE I (§ 23). — On notera que l'égoût des eaux de pluie donnait lieu à des servitudes et réglementation différentes, suivant que cette eau provenait d'un fonds bâti ou qu'elle courait sur le sol d'un champ avant de venir dans un autre. C'est dans ce dernier cas seulement qu'on donnait l'*actio aquae pluviae arcendae,* lorsque l'eau était dirigée artificiellement vers un champ par suite de travaux exécutés sans droit et qu'on voulait obtenir la suppression de ces travaux. Le texte de Cicéron est donc particulièrement difficile à rendre dans une traduction française, car nous ne disposons pas de deux termes différents pour désigner l'écoulement des eaux de pluie, suivant qu'elles viennent d'un fonds bâti ou non bâti. Nous savons d'ailleurs que Trébatius avait traité de ces matières (Lefas).

NOTE IV (§ 24). —Terme pris ici dans le sens technique : réponse à une consultation. On sait que les *responsa prudentium* étaient à Rome une des sources du droit.

NOTE V (§ 24). — Consul en 133. Le premier juriste célèbre de la famille des Scévola.

NOTE VI (§ 24). — L'*ambitus* est un espace de deux pieds et demi, selon les uns, de cinq pieds selon les autres, que la loi des XII Tables avait prescrit de ménager entre deux fonds urbains. Ce système fut plus tard remplacé à Rome par celui de la mitoyenneté, d'où le problème auquel répond Scévola (Lefas).

Page 74.

Note III (§ 27). — L'agnation comprend tous ceux qui, descendant d'un même ancêtre par les mâles, ne sont jamais sortis de la famille par une *capitis deminutio*.

Page 75.

Note I (§ 28). — Les *res mancipi* comprennent les esclaves et les personnes libres qui sont « loco servi » par le fait de la mancipatio — les bêtes de somme et de trait (le menu bétail, comme l'argent, étant *pecunia)* — les fonds de terre italiques et les servitudes prédiales de ce fonds. Mais, comme Cicéron vient de nommer les fonds, il a pris ici *mancipium* dans le sens restreint et courant d'esclave ou de bête de somme (Lefas).

Note II (§ 29). — Terme consacré pour désigner les anciens *jurisperiti* qui tenaient école.

Note III (§ 29). — Le mot héritage ne rend pas toute la condition de l'heres qui continue la personne et les sacra du défunt.

Note IV (§ 29). — L'heres, soit testamentaire, seit ab intestat, s'oppose en droit romain au légataire qui n'est pas, lui, le continuateur de la personne du défunt.

Note V (§ 29). — Allusion à l'usucapion ; cf. p. 74, n. 1.

Note VI (§ 29). — Il s'agit, bien entendu, du nomen gentilicium.

Note VII (§ 29). — L'ingénu s'oppose à l'affranchi.

Note VIII (§ 29). — Par perte de la liberté du droit de cité romain ou des droits de famille.

Note IX (§ 29). — Q. Mucius Scaevola, fils de Publius, distingué, par le cognomen Pontifex Maximus, de son oncle l'augure. Edile en 104, préteur en 100, consul en 95.

PAGE 76.

NOTE IV (§ 31). — Ressortissent à la coutume la jurisprudence (jugements, réponses des prudents) et à l'équité les édits des magistrats qui corrigent la rigueur du vieux droit civil ou qui comblent des lacunes.

PAGE 77.

NOTE I (§ 32). — C. Aquilius Gallus, préteur en 66, juriste réputé, élève de Q. Mucius Scaevola, eut luimême comme élève Ser. Sulpicius Rufus,

PAGE 78.

NOTE II (§ 36). — Le Romain fait prisonnier devenait esclave de son vainqueur. Mais, s'il parvenait à reconquérir sa liberté, l'application du *postliminium* lui restituait, à sa rentrée dans ses foyers, la qualité d'homme libre, comme s'il n'avait jamais cessé de l'être, et effaçait rétrospectivement toute déchéance juridique provenant de sa captivité. De même l'esclave, le navire et les animaux dressés et de bât capturés par l'ennemi étaient rendus à leur propriétaire, s'ils revenaient en la puissance des Romains (Lefas).

NOTE IV (§ 36). —Ser. Sulpicius Rufus, le célèbre juriste, préteur en 65, consul en 51, mort en 43.

PAGE 79

NOTE I (§ 38). — Il s'agit de C. Hostilius Mancinus, consul en 137. Vaincu par les Sagontins en 136, il conclut un traité que le sénat refusa de ratifier. En conséquence il fut livré par les féciaux aux ennemis, qui refusèrent de le recevoir.

NOTE II (§ 38). — Allusion à ce que la donation n'est parfaite que par l'acceptation du donataire.

PAGE 80.

NOTE I (§ 42). — La convention de fiducie, qui peut accompagner certains modes de transfert de la propriété, a pour objet d'obliger l'acquéreur à retransférer la propriété de cet objet à l'aliénateur plus tard, après l'échéance de certaines conditions. L'aliénation fiduciaire peut ainsi servir à réaliser un nantissement (Lefas).

NOTE II (§ 42). — La *bona fides* s'entend ici par opposition aux rigueurs et au formalisme du droit strict ancien. Elle fait partie de ces règles d'équité, que le magistrat tendit à faire prévaloir, et qui, après avoir été au début sanctionnées uniquement par son édit, finirent par passer dans le droit civil (Lefas).

NOTE III (§ 43). — Cf. *supra*, § 23.

NOTE IV (§ 44). — L. Licinius Crassus, consul en 95, censeur en 92, mort en 92. Dans la cause de Curius, il eut pour adversaire Q. Mucius Scaevola.

NOTE V (§ 44). — Voici en quoi consistait le procès. Un homme près de mourir, croyant sa femme enceinte, avait testé en faveur de l'enfant dont la naissance était présumée en ajoutant que, si cet enfant venait à mourir avant d'être sorti de tutelle, l'héritage devait échoir à un héritier substitué, M. Curius, tuteur désigné de l'enfant. La femme n'ayant pas eu d'enfant, M. Curius revendiqua l'héritage. Mais un certain Coponius, parent du défunt, l'attaqua en justice, soutenant que, puisque l'enfant n'était pas né, il n'avait pas pu mourir avant d'être sorti de tutelle, qu'ainsi l'une des clauses du testament n'avait pas été observée, et que, par suite, le testament était nul (J. Martha, note dans son édition du *Brutus* à l'usage des professeurs, § 194).

Page 81.

Note I (§ 45). — La mancipation est le mode civil d'aliénation des *res mancipi* (v. page 75, n. 1).

Note III (§ 46). — L'assistance par laquelle le tuteur habilite le pupille à agir valablement, par opposition à d'autres cas, où c'est le tuteur qui agit lui-même aux lieux et place du pupille.

Page 88.

Note II (§ 65). — Les *hastae* continuaient à désigner certaines procédures anciennes, soumises à des règles formalistes, et qui exigeaient un guide expérimenté. La *hasta* est encore, à l'époque classique, l'insigne planté devant le tribunal des centumvirs, où le procès se déroule dans la vieille forme de la *legis actio* (Lefas).

Page 92.

Note IV (§ 76). — Eubéen; démasqua Ulysse, qui voulait se faire passer pour fou afin de ne pas prendre part à la guerre de Troie. Ulysse se vengea en tramant des machinations criminelles pour le présenter comme traître. Palamède fut lapidé par l'armée.

INDEX DES MOTS GRECS [1]

N.-B. — Les numéros renvoient aux §§.

(1) Il n'y a pas de mots grecs dans les ***Partitiones*****.**

INDEX DES NOMS PROPRES

N. B. — Les numéros renvoient aux §§.

I. — PARTITIONES

II. — TOPICA

INDEX DES MOTS ET LOCUTIONS LATINES TECHNIQUES

N. B. — 1° Quand les mots sont employés à la fois dans leur sens courant et dans un sens technique, ils ne figurent ici que pour les paragraphes où ils ont leur signification spéciale.
2° Les numéros renvoient aux §§.

I. — PARTITIONES

II. — TOPICA

TABLE DES MATIÈRES

I. — PARTITIONES ORATORIÆ

II. — TOPICA

INDEX

Ce volume,
le vingt-troisième
de la série latine
de la Collection des Universités de France,
publié aux Éditions Les Belles Lettres,
a été achevé d'imprimer
en novembre 2023
par La Manufacture Imprimeur
52202 Langres Cedex, France

N° d'édition : 10817
N° d'impression : 230865/20
Dépôt légal : décembre 2023